周易义证类纂

闻一多 著

九州出版社
JIUZHOUPRESS
全国百佳图书出版单位

图书在版编目（CIP）数据

周易义证类纂 / 闻一多著 .-- 北京：九州出版社，2025.4.--ISBN 978-7-5225-3849-5

Ⅰ .B221.5

中国国家版本馆 CIP 数据核字第 2025D1L051 号

周易义证类纂

作　　者　闻一多　著
责任编辑　沧　桑
出版发行　九州出版社
地　　址　北京市西城区阜外大街甲 35 号（100037）
发行电话　（010）68992190/3/5/6
网　　址　www.jiuzhoupress.com
印　　刷　北京旺都印务有限公司
开　　本　880 毫米 ×1230 毫米　32 开
印　　张　6
字　　数　128 千字
版　　次　2025 年 6 月第 1 版
印　　次　2025 年 6 月第 1 次印刷
书　　号　ISBN 978-7-5225-3849-5
定　　价　48.00 元

目　录

周易义证类纂

附录　易林琼枝

周易义证类纂

以钩稽古代社会史料之目的解《周易》，不主象数，不涉义理，计可补苴旧注者百数十事。删汰芜杂，仅得九十。即依社会史料性质，分类录出，幸并世通人匡其不逮云。

一九四一年四月，昆明。

一 有关经济事类

甲　器用

包荒用冯河不遐遗泰九二

案包读为匏，《姤》九五“以杞包瓜”，《释文》引《子夏传》及《正义》并作匏，是其比。包荒即匏瓜，声之转。《庄子·齐物论篇》曰：“注焉而不满，酌焉而不竭，而不知其所由来，此之谓葆光，[葆][光][者][资]（訾）[粮]（量）[万][物][者]也。”从《淮南子·本经篇》补，《淮南》葆作瑶。葆光者，北斗之别名，《淮南》作瑶光，高注曰：“瑶光谓北斗勺第七星也。”案本七星之公名，后乃为斗柄端第七星之私名。古斗以匏为之，故北斗一名匏瓜，声转则为葆光耳。瑶从缶陪声，缶古读归重唇，故葆光一作瑶光。《九怀·思忠》曰："登华盖兮乘阳，聊逍遥兮播光。"华盖、播光皆星名，播光即北斗，亦匏瓜之转。王注上句曰："上攀北斗，蹑房星也。"注下句曰："且徐游戏，布文采也。"案华盖在紫宫上，播光（北斗）在紫宫下。王似谓华盖即北斗，又解播光为布文采，均非。匏瓜转为包荒，犹转为葆光，播光矣。古者以匏济渡。《诗·匏有苦叶》曰："匏有苦叶，济有深涉。"《鲁语》下曰："叔向……曰：'夫苦匏不材，于人共（供）济而已，鲁叔孙赋《匏有苦叶》，必将涉矣。'"《说文》匏瓠互训，故又或言匏。《庄子·逍遥游篇》曰："今子有五石之瓠，何不虑（络）以为大樽而浮于江湖？"字一作壶。《淮南子·说林篇》曰"尝抱壶而度水者，抱而蒙火，可谓不知类矣"；《鹖冠子·学问篇》曰"中流失船，一壶千金”《刘子·随时篇》作瓠；崔豹《古今注·音乐篇》曰“有一白首狂夫，披发提壶，乱流而渡”。“包荒，用冯河”，即以匏瓜渡河。“不遐遗”者，不遐，不至也，《诗·抑》“不遐有愆”，《下武》“不遐有佐”。遗读为隤，坠也，言以匏瓜济渡，则无坠溺之忧也。

以杞包瓜姤九五

案《子夏传》包作匏，句首无以字，《正义》曰“《子夏传》曰作‘杞匏瓜’”，案曰字衍，谓《子夏传》作杞匏瓜也。《正义》亦作匏，义长。杞系声近，《尔雅·释鸟》“密肌系英”，《释虫》作“密肌继英”，《诗·何彼秾矣》序“不系其夫”，《释文》曰“系本作继”，而《释木》曰“杞，枸檵”，《说文》亦曰“檵，枸杞”。此杞系声近之证。疑杞当读为系。《论语·阳货篇》曰：“予其匏瓜也哉？焉能系而不食？”此匏瓜言系之证。系匏瓜，盖谓络缀之以为樽。《庄子·逍遥游篇》曰：“今子有五石之瓠，何不虑以为大樽？”瓠即匏瓜。司马注曰：“虑犹结缀也。”成疏曰：“虑者绳络之也。”

鼎耳革其行塞鼎九三

案革读为鞕，《檀弓》下“若疾革”，《释文》曰“革本作亟”，《集韵》鞕或作革，是其比。《说文》曰“鞕，急也”，《方言》十曰“謇，极，吃也……或谓之㴬”，鞕与极通，紧急与涩难义近。《说文》曰：“㴬，不滑也。”革亟又并与棘通，《诗·文王有声》“匪棘其欲”，《礼器》引作革；《论语·阳货篇》棘子成，《汉书·古今人表》作革；《庄子·逍遥游篇》“汤之问棘也是已”，《列子·汤问篇》作革。《尔雅·释诂》"亟，速也"，《释文》曰"本或作𣗥"；又"亟，疾也"，《释文》曰"经典亦作𣗥"。《庄子·逍遥游篇》简文帝注曰："𣗥，狭小也。"狭字与紧急跛难，义亦相成。行读为桁，贯鼎耳横木也。《既夕记》"皆木桁"，注曰"桁，所以庪苞苴箵瓮甒也"；《乐府古辞·东门行》曰"还视桁上无悬衣"；《文选·景福殿赋》"桁，梧覆叠"，注曰"桁梁上所施也"；玄应《一切经音义》一引《通俗文》曰"穿木加足曰械，大械曰桁"。凡横木皆可谓之桁，故贯鼎耳之横木亦谓之行。声转为鼏，《说文》曰"鼏，以木横贯鼎耳而举之，从鼎，冂声"，古荧切。经传皆作扃。又转为铉，《说文》曰"铉，举鼎具也"，虞氏所谓"贯鼎两耳"者是也。鼎耳不滑利，其桁阻塞不能退出，食虽当前，无由染指，故下文曰“雉膏不食”。一说行，道也，谓中空受铉处，“其行塞”，谓不能纳铉，亦通。

利出否鼎初六

案否疑读为陪，陪从音声，否音古为一字，故否可通陪。《礼》有陪鼎。《聘礼》曰“陪鼎膷臐膮”；《左传·昭五年》“飧有陪鼎”，杜注曰：“陪，加也。”案《诗·荡》“以无陪无卿”，《传》“无陪贰也”，《疏》曰：“陪贰谓副贰。”陪鼎者，为正鼎之副贰者也。“鼎颠趾，利出陪”，谓正鼎折毁，则当出陪鼎以代之。下文曰“得妾以其子”者，妾为妻之副贰，妾之于妻，犹陪鼎之于正鼎，故出陪鼎为得妾之象。妻无出，得妾而有子，可以代妻，犹正鼎无足而有陪鼎，则出陪以代正也。

我有好爵吾与尔靡之中孚九二

案王夫之曰“爵所以献酬者”，读为觞爵之爵，得之。然爵而言好，殊嫌不类。《诗·巷伯》“骄人好好”，《尔雅·释训》作旭旭，《匏有苦叶·释文》引《说文》旭读若好，《庄子·天地篇》“顼顼然不自得”，《释文》曰“顼顼本又作旭旭”，而顼从玉声，是好玉古音近。此好字疑读为玉，“好爵”即玉爵也。靡当为靡，隶省作靡，字一作攠，转入微部，又变作挥。《尔雅·释诂》曰：“挥、盝、歇、涸，竭也。”案盝与渌同，歇与潚同，挥盝潚涸皆水竭之名。“我有玉爵，吾与尔挥之”，犹言我与尔饮而尽此玉爵之酒。《曲礼》上曰：

“饮玉爵者弗挥。”盖重爵弗挥所以防其损伤者，礼之常；快情而轻爵，遂不惜挥之者，礼之变。《释文》引何承天曰：“振去余酒曰挥。”饮而尽者，辄振爵以弃其余沛，快情之至也。

涣奔其机涣九二

案《太玄》准涣以文，曰“文质斑斑，万物粲然”，是读涣为焕。《论语·泰伯篇》曰：“焕乎其有文章。”奔读为贲，《诗》“鹑之奔奔”，《左传·襄二十七年》《礼记·表记》《吕氏春秋·壹行篇》并引作贲，是其比。贲卦《释文》引傅氏曰：“贲，文章貌。”涣贲次叠韵连语，故二字同义。“涣贲其机”，犹言文饰其几也。《周礼·司几筵》曰“吉事变几，凶事仍几”，郑众注曰：“变几，变更其质，谓有饰也……仍，因也，因其质，谓无饰也。”案先郑以变几为有饰之几，实读变为贲，知之者，后郑注贲卦曰“贲，变也，文饰之貌”，是变贲音近义通之证。《易》曰“涣贲其机”，盖即《周官》所谓变几。《释文》曰：“机音几。”宗庙设几，礼有明文，惠栋必欲易机为杋，云“《说文》杋为簋之重文，涣宗庙中，故设簋”，其失也迂。

井渫不食为我心恻可用汲井九三

案《汉书·王褒传》注引张晏曰“渫，污也”，是井渫犹初六“井泥”。心读为沁。《韩昌黎集》八《同宿联句》“义泉虽至近，盗索不敢沁”，旧注曰：“北人以物探水曰沁。”字一作深，《尔雅·释言》曰“深，测也”，《商子·禁使篇》曰："深渊者知千仞之深"，上深训测，谓测渊者也。恻读为测。此言井水污渫，为我沁测之，尚可以汲，旧说训渫为不停污，又读心恻如字，大缪。

失得晋六五

案孟、马、郑、荀、虞、王肃失并作矢，是也。晋，金文《格伯簋》作,《晋邦盦》《鬳羌钟》作，卜辞同，并从二倒矢。《大射仪》"缀诸箭"，注曰"古文箭为晋"；《周礼·职方氏》"其利金锡竹箭"，注曰"故书箭为晋"；《吴越春秋》五《勾践归国外传》"晋竹十廋"，段玉裁云即箭竹。晋箭一声之转，《方言》九曰："自关而东谓之矢，关西曰箭。"此爻读晋为箭，故曰"矢得"也。

见金夫不有躬无攸利蒙六三

案“金夫”“不有躬”，语皆无义，疑夫当为矢，《周礼·乐师》“燕射帅射夫以弓矢舞”，故书射夫为射矢，此矢夫互讹之例。躬当为弓，并字之误也。金矢即铜矢，谓铜镞之矢，《孟子·离娄下篇》“抽矢扣轮去其金”，即去其镞也。《噬嗑》九四曰：“得金矢。”蒙下坎互震，上艮互离，《蒙》六三即《噬嗑》九四，故皆云金矢。“不有弓”即无有弓。有矢无弓，不能射，故占曰“无攸利”。《说卦传》曰“坎于木为坚多心”，谓棘也，《九家逸象》坎为丛棘，义同。古矢以棘为之，坎为棘，即为矢。《说卦》坎又为弓，今本“为弓轮”当作“为弓，为轮”。《九家》坎为弧，弧亦弓也。此易象之最著明者，惜今本爻辞讹舛，遂致文不成义，而象亦无所取证焉。

乙　服饰

素履履初九夬履九五

案《吕氏春秋·离俗篇》曰“梦有壮子，白缟之冠，丹缋元误绩，从毕沅改。之袀。东布之衣，新素履，墨剑室”，素履即丝履。夬读为葛。《诗·葛屦·大东》并曰“纠纠葛屦，可以履霜”，《说文》曰“屦，履也”，夬履即葛屦。《周礼·屦人》曰“掌王后之服屦：赤舄，黑舄，赤繶，黄繶，青句，素屦，葛屦”，《易》以素履葛屦列举，犹《周官》以素屦葛屦连称。丝贵葛贱，故曰“素履往无咎”“葛履贞厉”。素以质言，不以色言，旧解胥失之。

丙　车驾

革言三就革九三

案言读为靳。古音言与斤近，故言声与斤声字每通用，或竟为同字。《论语·乡党篇》“与上大夫言，訚訚如也”，皇疏曰：“卿贵，不敢和乐接之，宜以谨正相对，故訚訚如也。”《汉书·石奋传》“僮仆訢訢如也”，注曰：“訢訢读与訚訚同，谨敬之貌也。”《楚辞·九辩》曰“猛犬狺狺而迎吠兮”，《说文》曰“犷，犬吠声也”；《玉篇·广韵》并犷狺同。《大师虘豆》曰“用旂多福，用匄永命”，旂即旂字。旂又见《舀鼎》，为人名。《集韵》龂与断同。言之通靳，犹誾之通訢，猲一作犴，旂一作旂，断一作齗矣。《说文》曰："靳，当膺也。"案一曰当胸。《齐语》注曰"缨，当胸，削革为之"；《周礼·巾车》"锡樊缨"，郑众注曰："缨谓当胸，《士丧礼下篇》曰'马缨三就'案《既夕记》文，礼家说曰：'缨，当胸，以削革为之，三就，三匝三重也。'"是缨，靳，当膺，当胸，异名同实。《易》曰"革靳三就"，正犹《礼》言"马缨三就"。靳削革为之，故谓之"革靳"。金文作虢䩸，即鞹靳。《吴彝》《录伯㦰簋》并言"桒圅朱虢䩸"，即贲鞃朱鞹靳，《牧簋》《㝬盨》并言"朱虢圅䩸"，则谓朱鞹之鞃与靳也。《诗·韩奕》"鞹鞃浅幭"，《传》曰："鞹革也。"靳金文又或作听，《伯晨鼎》"画听"即画靳。又案

《礼记·郊特牲》曰“大路樊缨一就，先路三就”，然则革靳三就，殆先路之类与？

大人虎变革九五君子豹变上六

案䜌变古今字，䜌⿱爫豕古字通。《说文》⿰女𤔔籀文作変，又“䜌，⿰𤔔攴也”，⿱爫豕⿰𤔔攴同。以《牧簋》《㝬盨》‘朱虢圅⿰表斤”，《毛公鼎》作“朱⿱爫豕圅⿰表斤”，《番生簋》作“朱⿰目𤔔圅⿰表斤”推之，知⿱爫豕（⿰目𤔔）与虢同义。虢经传作鞟，《诗·载驱》“簟笰朱鞟”，即金文之“朱虢”。变与⿱爫豕同，虢与鞹同，是“虎变”“豹变”即虎鞹豹鞹也。《论语·颜渊篇》“虎豹之鞹”。虎鞹豹鞹谓之虎变豹变者，新出《熹平石经》变作辩。案通作辩。《礼运》“大夫死宗庙谓之变”，注曰“变当为辩”。《管子·戒篇》“御正六气之变”，《庄子·逍遥游篇》“而御六气之辩”，《释文》曰“辩，变也”。

《孟子·告子上篇》“万钟则不辩礼义而受之”，《音义》引丁音曰“辩本作变”。《坤文言传》“由辩之不早辩也”，《释文》曰“苟作变”。《说文》曰“辬，驳文也”，《广韵》辬同斑。《文选·上林赋》“被斑文”，注曰“斑文，虎豹之皮也”；《七启》“拉虎摧斑”，注曰：“斑，虎文也。”字一作斑，春秋楚斗谷于菟字子斑，于菟，虎也，《汉书·叙传上》曰：“楚人谓虎文斑。”虎变豹变，犹言虎文豹文，故《象传》曰“其文炳”“其文蔚”。变斑又并与贲声近义通，《贲卦·释文》引郑曰“贲，变也，文饰之貌”；《序卦传·释文》又引传曰：“贲，古斑字。”《毛公鼎》《番生簋》并有“𣎼縪較”，谓𣎼縪与較，𣎼古贲字，縪与幦同，车覆笭也。疑𣎼辟即以虎豹之皮饰幦。《玉藻》曰“君羔幦虎植，大夫齐车，鹿幦豹植，朝车，士齐车，鹿帶豹植”，虎植豹植即虎饰豹饰，注云“植谓缘”，缘亦饰也。“大人虎变”即《玉藻》之君车以虎皮为饰，“君子豹变”即大夫士车以豹皮为饰，而二者金文则总谓之“𠦪𦂗”也。虎皮饰车汉世谓之皮轩，《汉书·司马相如传上》“前皮轩”注引文颖曰：“皮轩，以虎皮饰车。”观九三“革言三就”，并上六下文“小人革面”，皆斥车言，知此亦言车也。

小人革面革上六

案面读为鞔。《尔雅·释诂》“蠠，没，勉也”“勔，勉也”。《谷梁传·庄三年》“举下缅也”，缅读为俛。《楚语》“缅然引领南望”，读为晚，《说文》“晚，睧，目视貌”。《周礼·巾车》注曰“革路，鞔以革而漆之，无他饰”，又曰：“木路，不鞔以革，漆之而已。”又曰“栈车，不革挽而漆之”，《考工记·舆人》注曰：“饰车，革鞔舆也。”又曰：“【栈车】为其无革鞔，易拆坏也。”案玄应《一切经音义》十四引《仓颉篇》曰“鞔，覆也”，革鞔即车之以革为覆者。革鞔车又谓之饰车者，以革鞔车以为固，亦以为饰，故又谓之饰车。特其饰未盛，故为小人所乘。《诗·采薇》曰“君子所依，小人所腓”，君子谓将帅，大夫也，小人谓士卒，士也。此曰“小人革面”，小人正谓士。上文“君子豹变”，据《玉藻》君子为大夫士，彼士当谓上士，则此士乃下士。《尚书大传·殷传》曰“未命为士者不得乘饰车”，《艺文类聚》七一引《白虎通》曰“大夫轩车，士饰车”，《公羊传·昭二十五年》何注曰“礼大夫大车，士饰车”，与《易》义相会。郑注《舆人》又谓“大夫以上革鞔舆”，不若伏、班、何说为长。《象传》曰“小人革面，顺以从君也”者，此释本爻“君子豹变，小人革面”二句，君即君子。君子谓大夫，小人谓士，士臣大夫，即以大夫为其君。王引之谓君斥九五之“大人”，非是。“顺以从君”者，大夫豹幦车在前，士革鞔车自后从之，所谓属车是矣。

丰其蔀日中见斗丰六二九四

案《考工记·轮人》“信其程（茎）围以为部广”，郑众注曰：“部，盖斗也。”盖斗者谓盖头之斗，一曰盖葆。《论衡·说日篇》曰：“极星在上之北，若盖之葆矣，其下之南有若盖之茎者，正何所乎？”又曰葆斗。《御览》

一引《桓谭新论》曰："北斗极，天枢，枢，天轴也，犹盖有保斗矣。盖虽转而保斗不移，天亦转周匝而斗极常在。"保斗即葆斗。盖葆一曰盖斗，是葆即斗。"葆斗"次叠韵连语，故合言之曰葆斗（保斗），分言之曰葆，或曰斗。然本语当系蔀斗（部斗）。葆斗（保斗）即蔀斗（部斗）之转。部斗叠韵连语，王肃部普苟反。分言之亦可曰蔀（部），或曰斗。蔀（部）即斗也，故《易》曰"丰其蔀，日中见斗"，而郑众注《考工》亦以斗释部。《杂记》"执羽葆"，《周礼·乡师》作"执纛"，《汉书·司马相如传》下颜注曰："葆者即今之所谓纛头也。"《高帝纪》注引蔡邕说及《文选·东京赋》薛注并谓纛形如斗，而斗纛声类复同，然则纛即盖斗之专字。蔀若葆谓之斗，犹之葆谓之纛矣。古盖天说以天当车盖，二十八宿当盖之斗，北斗当盖之蔀，上揭《新论·论衡》二事，即其遗说也。“日中见斗”之斗谓车盖之蔀斗，亦谓天象之斗星，义取双关，所谓谐讔是也。见车盖之斗于日中盛明之时，固理之当然。若夫天象之斗，则必非日中所得而见者。今接于目者车盖之斗，而会于心者乃天象之斗，是指车为天，视昼为夜。度非眩惑狂易，何以至此？故下文曰“往得疑疾”也。

丰其沛日中见沬丰九三

案沛《释文》本或作旆。旆沛正借字。沬当读为彗。《齐策》三又六及《史记·刺客列传》曹沬，《左传·庄九年》及《管子·大匡篇》并作曹刿，《吕氏春秋·贵信篇》作曹翙，而《诗·云汉》“有嘒其星”，《说文·言部》引作“有譢其声”，是沬彗音近之证。《汉书·礼乐志》注引晋灼说曰“沬古靧字”，《广韵》靧荒内切，从彗之嘒譓并呼惠切，慧胡桂切，则古读沬彗或竟同音也。疑“见沬”即见彗星。《尔雅·释天》曰“缁广充幅长寻曰旐，继旐曰旆”，孙炎注曰：“帛续旐末亦长寻。”然则旆长总丈有六尺，是旗之最长者。《公羊传·宣十二年》注曰：“继旐如燕尾曰旆。”《汉书·扬雄传》上“被云旓”注曰“旓，旌旗之旒，一曰燕尾”，是旐即旓，旓之言犹髾也，梢也，故一曰燕尾。《文选·子虚赋》“蜚襳垂髾”，司马彪注曰“髾，燕尾也”；《赭白马赋》“垂梢植发”。李注曰：“梢，尾之垂也。”旆之为旗，长而垂梢，彗星之状似之，故彗星一曰孛星。孛旆俱从市声，孛之为字犹旆也。《汉书·司马相如传下》“曳彗星而为髾”，注引张揖曰：“髾，燕尾也。”髾同旓，亦即旐，而旗之继旐者是曰旆，并详上。是以彗为旓，犹以彗为旆也。《易》曰“丰其旆，日中见彗”，以旆为彗，与赋之以彗为旆同。盖彗之象旆，人所共见，故古今人语不谋而合。《楚辞·远游》“擥彗星以为旍兮”，《九思·守志》“扬彗光兮为旗”，《文选·羽猎赋》“曳彗星之飞旗”，注引《河图帝通纪》“彗星者天之旗也”，并以彗拟旆，亦足资参证。古者兵车建旆。“丰其旆，日中见彗”，犹“丰其蔀，日中见斗”，蔀旆皆车服，斗彗皆星象，见旆而疑彗，犹见蔀而疑斗矣。《考工记·辀人》曰：“轸之方，以象地也，盖之圜，以象天也，轮辐三十，以象日月也，盖弓二十有八，以象星也，龙旂九斿，以象大火也，鸟旟七斿，以象鹑火也，熊旗六斿，以象伐也，龟蛇四斿，以象营室也，弧旌枉矢，以象弧也。”《考工记》之说出于盖天家。《易》比天于车，以北斗拟盖之葆，以彗星拟旆之斿，与《考工》说酷似，即盖天说之所由昉。

系于金柅姤初六

案《正义》引马注曰“柅者，在车之下，所以止轮令不动者也”；王注曰“柅制动之主”，说与马同。《说文》曰“轫，碍车木也”，又曰“杒，桎杒也”，《诗·节南山》笺“氐当为桎鎋之桎”，《释文》曰“桎，碍也”，杒轫同，是柅即轫。《毛公鼎·番生毁》所言驾具有“金義”，即金柅。《说文》忍读若毅，而忍忍实一字，義转为轫，犹忍转为忍也。然柅所以止车，不当云系。系当读为击。《蒙》上九“击蒙”，《释文》引马郑并作系。《汉书·游侠陈遵传》引扬雄《酒箴》曰“一旦叀碍”，叀古击字，叀《说文》以为轊字。然毄当从此得声，（古历切）击又从毄声，是叀亦击之初文。叀碍连文，亦碍也。《齐策》一“辖击摩车而相过”注曰“击，阂也”，《广雅·释言》曰“碍，阂也”，击碍同训阂，是击亦可训碍。“击于金柅”，谓车碍于金柅而不能行耳。《否》九五“其亡其亡，系于苞桑”，系亦读为击，训碍，言亡者挂碍于苞桑而卒不果亡也。《诗·伯兮》“其雨其雨，杲杲出日”，语例同。

丁 田猎

田有禽利执言无咎师六五

案言当读为讯，言从䇂，䇂辛古同字，而辛丮音同，《说文》榇读若莘，《尔雅·释地》“东陵阠”，钱大昕谓即《左传·成二年》之莘。是古音言讯亦近。音近则义通，故讯问之讯谓之言，《尔雅·释言》“訊，讯言也”。俘讯之讯亦谓之言。《虢季子白盘》“执讯五十”，《不嬰簋》《兮甲盘》“折首执讯”，《诗·出车》《采芑》“执讯获丑”，《皇矣》“执讯连连”“执言”犹执讯也。《兮甲盘》“折首执讯，休，亡愍”，与《易》“执言，无咎”语意词例并同。《说文》曰：“捷，猎也，军获得也。”古者田猎军战本为一事。观军战断耳以计功，田猎亦断耳以计功，而未获之前，田物谓之丑，敌众亦谓之丑，既获之后，田物谓之禽，敌众亦谓之禽，是古人视田时所逐之兽，与战时所攻之敌无异。禽与敌等视，则田而获禽，犹之战而执讯矣。《易》言“田有禽，利执言”者，意谓田事多获，为军中杀敌致果之象。《正义》曰：“禽之犯苗，则可猎取，叛人乱国，则可诛之。此假他象以喻人事，故利执言无咎。己不直则有咎，己今得直，故可执此言往问之而无咎。”以田猎与诛叛逆并言，盖因卦名曰师而推知之，此诚近是，余说皆疏。其释“执言”为“执此言往问之”，则与《诗》郑笺训讯为言，而释为言语，同为不达言字之谊。

显比王用三驱失前禽邑人不诫吉比九五

案显读为韅。《左传·僖二十八年》“韅靷鞅靽”，《说文》曰“㬎，箸腋鞥也”，韅即㬎之省。此经下文曰：“王用三驱”，则显即韅字。《檀弓》下“子显以致命于穆公”，郑注曰“使者公子絷也”，又引卢植说曰：“古者名字相配，显当为韅。”案《记》以显为韅，例与此同。比疑读为纰。《礼记·大传》“五者一物纰缪”，犹言乖戾也。《周礼·大司马》“乃设驱逆之车”，注曰：“驱，驱出禽兽使趋田者也；逆，逆要不得令走。”《田仆》“设驱逆之车”，注曰：“驱，驱禽使前趋获；逆，衙还之使不出围。”案《诗·驺虞传》曰“虞人翼五豝以待公之发”，《吉日传》曰“驱禽之左右，以安待天子”，是自后曰驱，自前曰逆，自左右曰翼。然析言，驱与逆翼异，混言之，三者皆可曰驱。此曰“三驱失前禽”，自是兽在前而自后驱之。《诗·车攻》曰“不失其驰，舍矢如（而）破”，《谷梁传·昭八年》曰“车轨尘，轨，犹循也（王念孙说）。马候蹄，掩禽旅，御者不失其驰，然后射者能中”，驰犹驱也，不失其驰，即驱不失禽之谓。鞿纰，则不良于御故三驱禽而射皆不中。俞樾读诫为骇，是也。射不中而禽逸伤人，必令邑人惊骇。今邑人不骇，是禽虽逸而未至伤人，故为吉占。

明夷夷于左股明夷六二

入于左腹获明夷之心于出门庭六四

案《诗·车攻》《毛传》曰：“一曰干豆，二曰宾客，三曰充君之庖。故自左膘而射之，达于右腢，为上杀；射右耳本次之；射左髀，达于右髃为下杀。”《正义》曰：“凡射兽，皆逐从左厢而射之。”《公羊传·桓四年》何注曰：“一者弟一之杀也，自左膘射之，达于右腢，中心死疾，鲜洁，故干而豆之，以荐于宗庙。二者弟二之杀也，自左膘射之，达于右脾，远心死难，故以为宾客。三者弟三之杀也，自左脾射之，达于右髃，中肠胃污泡，死迟，故以充君之庖厨。”《毛传》髀，《释文》作脾，云“谓股外”，《说文》曰“髀股也”，《文选·七命》注引作“股外也”，盖对文内曰股，外曰髀，散文髀股通也。六二“明夷夷于左股”，即《毛传》所谓“射左髀，达于右髃，为下杀”者。《九家》及《正间》并训下夷字为伤。案读为痍，《左传·成十三年》“芟痍我农功"，《释文》"痍本作夷"。《公羊传·成十六年》曰："王痍者何，伤乎矢也。"矢伤谓之痍，是"夷于左股"即射于左股明甚，因知王肃股作般，姚信左作右，其谬俱不待烦言而解。《诗·释文》引《三苍》曰："膘，小腹两边肉也。"《说文》曰"膘，牛胁后髀前合革肉也；读若繇"，又曰："腴，腹下肥也。"案繇腴声近，疑膘即腴，谓腹下肥肉，许说与《三苍》不异。六四"入于左腹，获明夷之心"，即《毛传》所谓"自左腹而射之，达于右腢，为上杀"者。获犹中也，《乡射礼》"获者坐而获"，注曰："射者中，则大言'获'！"是射中谓之获。然则"获明夷之心"，又即何注所谓"中心死疾"者矣。《汉书·司马相如传上》"洞胸达掖，绝乎心系"，注引张揖曰“自左射之，贯胸，通右髃，中心绝系也”，与何说略同。“于出门庭”于读为呼，《孟子·万章上篇》“号泣于旻天，于父母”，《列女传·有虞二妃传》于作呼。此言入腹获心，射得上杀，获者呼获，声达于门庭之外也。《车攻传》又曰“禽虽多，择取三十焉，其余以与士大夫，以习射于泽宫”；《谷梁传·昭八年》曰“禽虽多，天子取三十焉，其余与士众以习射于射宫”；《尚书大传·周传》曰“已祭，取余获陈于泽，然后卿大夫相与射”，注曰：“泽射宫也。”此两爻盖言射宫习射，门庭即射宫之门庭也。

戊　牧畜

晋康侯用锡马番庶昼日三接晋

案锡兼予求二义，此锡字当训求。金文《郙遣簋》“用锡耇寿”，《伯其父簠》“用锡眉寿万年”，《黄君簋》“用锡眉寿黄耇万年”，《买簋》“用锡黄耇眉寿”，犹他器言“用旂”“用匄”也。《伯家父簋》‘用锡害（匄）眉寿黄耇霝冬”，犹他器言“用旂匄”也。昼日犹一日也。金文昼画同字，从周，是昼之为言犹周，一日谓之昼日，犹一年谓之周年。《乾凿度》上总释二十九卦数例“晋三接”下郑注曰：“以柔进授，何不五接终日？”案乐章一成为一终，一终亦犹一周，郑以终日释昼日，正读昼为周。王注曰“以讼受服，则终朝三褫，柔进受宠，则一昼三接也”，以昼日为终朝，义与郑同。《说文》曰“接，交也”，《广雅·释诂二》曰“接，合也”，此言接，当即《周礼·牧师》所谓“中春通淫”，《月令》所谓“合累牛腾马游牝于牧”之事。旧读马字断句，非是，从王念孙读。审文义，二句当倒转，读为“昼日三接，用锡马番庶”，言一日三游牝，以求马之蕃息众庶也。《尔雅·释诂》曰：“接捷也。”《大射仪》注曰“搢捷也”，晋搢古今字，是晋接义同。卦名曰晋而卦辞言接，义正相应。

白马翰如贲六四

案《尔雅·释鸟》“鶾雉，鵫雉”，注曰“今白鵫也，江东呼白鶾，亦名白雉”，鶾与翰同。《中次九经》“其鸟多翰鷩”，注曰“白翰赤鶾”；《西山经》“鸟多白翰赤鷩”，注曰：“白翰，白鵫也，亦名鵫雉，又曰白雉。”翰本白色雉之名，故引申之，马之白色者亦可谓之翰。《檀弓》上曰“夏后氏尚黑……戎事乘骊……殷人尚白……戎事乘翰……周人尚赤……戎事乘騵”，是翰为白色马明甚。此曰“白马翰如”，翰亦当训白。郑注《檀弓》已训翰为“白色马”，而注《易》乃云“翰犹干也，见六四适初未定，欲干而有之”《檀弓》疏引。舍近而求诸远，此乃自来说《易》家之通蔽。

有攸往见凶羸豕孚蹢躅姤初六

案“见凶”二字当乙转，分属上下二句读。“有攸往，凶”，与上文“系于金柅，贞吉”，为一辞。“系（击）于金柅，贞吉，有攸往，凶”，上下对举，犹言止则吉，行则凶耳。“见羸豕孚蹢躅”，别为一辞。俞樾训孚为乳，近碻。案《说文》曰“羸，瘦也”，哺乳之豕无不瘦者，故云“羸豕”。蹢躅犹踯躅，豕且乳且行之状也。姤谷声近，《说文》曰“谷，乳也”，此爻盖读姤为谷，故有乳豕之象。

羝羊触藩羸其角大壮九三

藩决不羸九四

案《释文》曰“羸，王肃作缧，郑、虞作

纍，蜀才作累，张作累”，疑当读为儡，《说文》曰“儡，相败也”，《文选·西征赋》“寮位儡其隆替”，注曰：“儡，败坏貌。”字一作傫，《老子》二〇章“傫傫兮若无所归”，傅本及陈景元所见王本并作儡，《释文》曰：“儡，败也。”“儡其角”即败坏其角，“藩决不儡”，犹言藩决而角不败坏也。初九“壮于趾”，马、虞并训壮为伤，是读为戕。戕趾与儡角，事相邻类。董仲舒《士不遇赋》曰“努力触藩，徒摧角矣”，摧亦败坏也。董氏用《易》最合古义。《太玄》童上九测曰“童麋触犀，还自累也”，语意与此相仿，疑所见本作傫，累与儡傫通。

苋陆夬夬中行夬九五

案《说文》曰："苋，山羊细角者。"陆读为踛。《庄子·马蹄篇》"翘尾而陆"，司马注曰："陆，跳也"，《文选·江赋》注引作踛。夬读为起。《说文》曰："赽，踶也。"《史记·张仪传》"探前抉后"，《索隐》曰"抉谓后足抉地"，《庄子·齐物论篇》"麋鹿见之决骤"，崔注曰"决骤疾走不顾"，抉决并与赽通。"苋陆夬夬中行"，谓羊跳赽赽然于道中也。《大壮》六五变夬，彼云"丧羊于易，无悔"，即此之"苋陆夬夬中行，无咎"。旧注多以苋陆为草名，训夬为分决，虞氏训苋为说，陆作睦，均远失之。王夫之、朱骏声等并知苋为羊，而释陆夬之义未得，殆失之眉睫乎？

臀无肤其行次且夬九四　姤九三

案《噬嗑》六二“噬肤灭鼻”,《释文》引马曰:“柔脆肥美曰肤。”肤即腴也。《论衡·语增篇》引《古语》曰“桀纣之君，垂腴尺余”，张显《析言论》引《古谚》作“桀纣无道，肥肤三尺”,《说文》腴训“腹下肥者”，又以肤为胪之籀文，而《类聚》四九引《释名》佚文曰“腹前肥者曰胪”，是肤即腴决矣。“臀无肤”者，甚言其瘠也。《夬》九四《释文》次本亦作趑，且本亦作趄，引郑、王肃并作趑趄。《说文》曰:“趑趄行不进也。”体瘠者力弱行迟，故曰“臀无肤，其行趑趄”，此当斥牲畜而言。《姤》初六曰“见羸豕孚蹢躅”，臀无肤即豕羸瘠之状，趑趄蹢躅一语之转，然则《姤》初三两爻辞异而指同。

己　农业

雨量附

尚德载小畜上九

案吕氏《音训》引晁氏曰“德,《子夏传》京、虞作得”，当从之。载读为菑,《诗·载芟》“俶载南亩”，笺曰“俶载当为炽菑”,《良耜》“俶载南亩”，笺曰“炽菑是南亩”，是其比。《无妄》“不菑畬”,《释文》引董遇曰“菑，反草也”,《尔雅·释地》“田一岁曰菑”，郭注曰“今江东呼初耕反草为菑”,《说文》曰“菑才今误作不耕田也”，是菑即耕。“既雨既处，尚德载”者，处俞樾训止，是也，德载读为得菑，言雨后尚得施耕也。凡耕必待雨，卦辞“密云不雨”，谓初九，初九不雨，不得施耕，至上九而终得雨，故仍得耕焉。旧读载如字，未允。近于省吾氏复读为哉，亦非，《易》辞简炼，不用语尾也。

甘临无攸利既忧之无咎临六三

案临读为瀶，瀶与霖同，详下。甘读为厌。《说文》厌从猒声。猒从甘声。《诗·伯兮》“甘心首疾”，《传》“甘，厌也”。厌者足也，古称甘雨，甘露，皆优渥沾足之谓。《吕氏春秋·季春篇》《孟夏篇》并曰“甘雨至三旬”，雨至三旬，可谓足矣。《尸子·仁意篇》曰“甘雨时降，万物以嘉，高者不少，下者不多，此之谓醴泉”，高者不少，下者不多，亦润洽适足之意。《论衡·是应篇》曰“雨霁而阴曀者谓之甘雨”，则甘雨又犹《诗》所谓“阴雨”。盖春夏之交，沈阴霢霂，一雨一止，历久不晴，润物之功，莫此为大，故《诗·甫田》曰：“以祈甘雨，以介（匄）我稷黍，以谷我士女。”然而足谓之厉，过足亦谓之厉。《易》曰“甘临（灉），无攸利”，盖就其过足者言之，故占曰“无攸利”。“既忧之，无咎”者，忧读为櫌。《庄子·则阳篇》郭注曰：“櫌锄也。”《管子·小匡篇》曰“深耕均种疾灉，先雨芸耨，以待时雨”，《齐语》作“深耕而疾櫌之，以待时雨”。久雨本足以妨农。惟既已櫌之在前，则亦不足为害，故曰“既忧（櫌）之无咎”也。

临……至于八月有凶临

案临读为瀶。瀶霖古当同字。《庄子·大宗师篇》“霖雨十日”《释文》曰“霖又作淋”；《赵策》一“使我逢疾风淋雨”，即霖雨；《字镜》淋古文作瀶，《广雅·释训》曰：“䨬，雨也。”是霖淋瀶（䨬）一字。霖之声转为隆。《诗·皇矣》“与尔临冲”，《韩诗》作隆冲，《荀子·强国篇》“乃在临虑”，《汉书·地理志》河内郡作隆虑。《管子·度地篇》曰“当秋三月，山川百泉踊，降雨下元作下雨降，山水出”，降雨即隆雨；《齐策》三曰“至岁八月，降雨下，淄水至”，《风俗通·祀典篇》正作隆雨。隆雨即霖雨也。我国雨量，率以夏秋间为最厚。《孟子·离娄下篇》曰“七八月之间雨集，沟浍皆盈”，《庄子·秋水篇》曰“秋水时至，百川灌河”，而《管子》

言秋三月隆雨下，《齐策》言八月隆雨下，尤与《易》言"临……至于八月"，若合符节，是临为瀶省，而瀶即霖字明矣。雨及八月而百泉腾凑，川渎皆盈，数为民害，故曰"有凶"。《西溪易说》引《归藏》临作林祸，即霖祸。《周易》省瀶为临，犹《归藏》省霖为林耳。

至临临六四知临六五敦临上六

案敦训怒，《说文》怒暴义近，"敦临"犹暴雨；又训大《方言》一，暴雨亦大雨也。字一作霔，《玉篇》曰："霔，大雨也。"声转为霴，《玉篇》又曰："霴，大雨也。"再转为涷，《尔雅·释天》曰："暴雨谓之涷。"《尚书大传·周传》曰"久矣天之无别风淮雨"，郑注曰：“溎，暴雨之名也。”郝懿行谓溎雨即涑雨。案郝说是也。溎淮古当同字。金文隹有二形，后者画鸟足形略备，即淮字所从出，是隹隼本非二字，《说文》隼为雗之重文，尚存古意。因之溎淮亦非二字矣。准（溎）敦古音同，溎从隹声（职追切）举准（之允切）为对转，二者古读皆归端母。敦（都昆切）亦或对转读如堆（都回切），故敦与溎，敦与准，古音皆同读。溎雨犹敦瀘，故郑训溎为暴雨。溎敦音同，溎转为涑犹敦转为涑，是溎雨即涑雨明矣。至知古读亦并归端与敦亦并一声之转，疑“至临”“知临”亦犹“敦临”。敦训怒，至之言懥也，恎也，懥恎亦皆怒也。《说文》曰“懥，忿戾也”，《广雅·释诂三》曰“恎，很也”，忿戾与很义俱近怒。然则“至临”亦犹暴雨矣。知智古同字，卜辞作[illegible]《前》

五、一七，金文作[illegible]《毛公鼎》，或[illegible]《蚀匕》，下从甘，《说文》作[illegible]，从白为甘之讹。《说文》疾下有籀文作[illegible]，从廿，与甘同，许云从甘省从廿，非是。是籀文以智为疾。智疾并从矢得声，故得通用。“知临”之知，亦当读为疾疾瀶亦犹暴雨也。

坎不盈只既平无咎坎九五

案于省吾氏读只为灾，云灾既平犹言患既平，是也。此爻之坎，但指坑谷。水溢出坑谷，则泛滥为患，今坑谷不溢而灾患已平，故曰“无咎”。《孟子·离娄下篇》曰“原泉混混，不舍昼夜，盈科而后进，放乎四海”，赵注释“盈科”为“盈满科坎”；《尽心上篇》曰“流水之为物也，不盈科不行”，注曰：“盈，满也，科，坎也，流水满坎乃行。”案坎科一声之转，盈科即盈坎。《太玄》从次五“从水之科满”，科满亦即坎盈。孟、扬之文，并与《易》合。

庚 行旅

苦节节上六

安节六四

甘节九五

案节谓车行之节度。《吕氏春秋·知分篇》曰："其仆将驰，晏子抚其仆之手，曰：'安之毋失节，疾不必生，徐不必死。'"《晏子春秋·杂上篇》"安之"作"徐之"，又曰"按之成节而后去"，《韩诗外传》二作"安行成节，然后去之"。《史记·司马相如传》"案节未舒"，《索隐》曰："案节言顿辔也。"案按抑其辔，则马行迟而车安，是案节即安节也。《庄子·天道篇》曰“斫轮徐则甘而不固，疾则苦而不入”，《释文》引司马注曰“甘者缓也，苦者急也”；《淮南子·目应篇》作“大疾则苦而不入，大徐则甘而固”，高注曰：“苦，急意也，甘，缓意也。”“苦节”“甘节”即疾节缓节。行节缓则乘者安适，疾则有覆败之虞，故曰“甘节贞吉”，而“苦节贞凶”也。

朋来复大蹇朋来蹇九五朋至斯孚解九四朋从尔思咸九四朋盍簪豫九四

案《复》“朋来无咎”，《释文》引京作崩，《汉书·五行志》中之上引同。《蹇》九五“大蹇朋来”，《汉石经》亦作崩。崩有走义。《诗·无羊》曰：“不骞不崩，毕来既升”，《说文》曰“蹇，走貌”，骞蹇同，骞崩并举，是崩亦走也。《庄子·人间世篇》曰：“形就而入，且为颠，为灭，为崩，为蹶。”《说文》曰“趚，走顿也”，颠趚通；灭读为越，颠越成语，《书·盘庚》“颠越不恭”，《九章·惜诵》“行不群以巅越兮。”《公羊传·桓十六年》何注曰“越犹走也”；《越语》韦注曰：“蹶，走也。”颠越蹶皆走之类，则崩亦走也。字一作蹦，《玉篇》曰：“蹦，走也。”《复》与《蹇》九五两“崩来”并犹走来，言疾遽而来也。《解》九四“解而拇，朋至斯孚”，拇谓足大指，则“朋至”犹“崩来”。《咸》九四“憧憧往来，朋从尔思”，上曰“往来”，则“朋从”亦即崩从，言即走而就之也。《豫》九四“朋盍簪”，朋疑亦当为崩。知之者，《解》《咸》皆九四成朋，此称朋亦在九四，则义当与彼同。

大蹇朋来蹇九五

案古字大天通用，此则当读为天。天蹇叠韵连语。《庄子·秋水篇》曰："何贵何贱，是谓反衍，无拘而志，与道大蹇。何少何多，是谓谢施，无一而行，与道参差。"《释文》曰："本或作'与天道蹇'。"马叙伦氏云，大即天之讹，天蹇叠韵连语，谓屈曲也，成本作"与天道蹇"者，读者不解天蹇之义，移天于道上耳。案马说是也。天蹇即蹎蹇，与上反衍义近，犹下文谢施，吴汝纶训委蛇，则与参差义近也。《庄子》"反衍""天蹇"两词连用，与《易》符合，而天字作大，亦与《易》同，盖即用《易》语尔。

往蹇来反蹇九三

案蹇反叠韵连语，倒之则曰反蹇。字一作跰蹇，《鲁语》下“踦跂毕行”，韦注曰：“踦跂，跰蹇也。”一作偏蹇，《方言》六曰“吴楚偏蹇曰骚”，郭注曰：“行略逴也。”一作蹁跹。《南都赋》曰：“蹴蹐蹁跹。”又作反衍，《庄子·秋水篇》曰“何贵何贱，是谓反衍，无拘而志，与道大蹇”，衍盖读如愆。《说文》愆重文作𡩁，“反衍”即此爻“蹇反”之倒语，犹“大蹇”即九五之“大蹇”也。亦作畔衍，叛衍，《秋水篇·释文》曰“反衍本亦作畔衍”，《文选·蜀都赋》曰“叛衍相倾”，刘注曰：“叛衍犹慢衍也。”要之“蹇反”连语，旧分二字释之，失其义矣。

往蹇来誉蹇初六

案誉读为趣。《说文》曰“趣，安行也”，《论语·乡党篇》“与与如也”，皇疏曰“与与犹徐徐也”；《汉书·叙传》“长倩懙懙”，注曰“懙懙，行步安舒也”；《说文》曰：“愳，趣步愳愳也。”趣，与，愳，懙，并字异而义同。然疑此字古读当如举，居许切蹇趣双声连语。《象传·序卦传》并云“蹇趣难也”，行难与舒迟义相因；《管子·水地篇》“凝蹇而为人”，尹注曰“蹇，停也”，舒与停义亦近。“往蹇来趣”谓往来迟难。迟难者不利于行之谓，故《象传》曰：“宜待也。”

往来井井井

案井读为营。《荀子·非十二子篇》宋钘，

《庄子·逍遥游》作宋荣子，而钘从幵为从井之误；金文荆从井（《说文》），㓝刑异字，金文有㓝无刑，是刑亦㓝之误。《五音篇海》有鉼字。《广雅·释地》曰：“营，耕也。”此并井声与荧声近之证。𤇾即金文焚字。《说文》从𤇾之字皆云荧省。实则荧乃从𤇾从火，当立𤇾部。《诗·青蝇》“营营青蝇”，《传》曰“营营，往来貌”；《楚辞·抽思》“魂识路（织络）之营营”，王注曰“精灵主行，往来数也”，《广雅·释训》曰：“营营，往来也。”营营为往来之貌，故曰“往来营营”。

二　有关社会事类

甲　婚姻

子克家蒙九二

案《周书·谥法篇》曰“未家短折曰殇”，《离骚》曰“及少康之未家兮，留有虞之二姚”，《淮南子·齐俗篇》曰“待西施络慕而为配，则终身不家矣”，家并犹娶也。《蒙》九二“纳妇吉，子克家”，上曰“纳妇”，则下曰“子克家”，犹言子能娶矣。《正义》释为“子孙能克荷家事”，失之。

乙 家庭

干父之蛊蛊初六 九三 六五干母之蛊九三 裕父之蛊六四

王引之读蛊为故，引《尚书大传》“乃命五史以书五帝之蛊事”，云蛊事即故事。案王说韪矣，惟于干裕二字，仍无达诂。余谓干读为贯。《尔雅·释诂》曰“贯，习也”，《说文》曰“遦，习也”，贯遦字同。《广雅·释诂一》曰：“贯，行也。”习行义近。今天谓行事曰干事，娴习于事者曰干材，字均当作贯，《牧簋》曰“乃毌政事，毋敢不尹其不中不刑”，毌古贯字，毌政事犹习政事，行政事也。《汉书·谷永传》曰“以次贯行，固执无违”，贯行犹习行也。“干父之蛊”即贯父之故，“干母之蛊”即贯母之故，谓习行父若母之故事也。初六曰“干父之蛊，有子考”，于省吾氏读考为孝，至确。案《论语·学而篇》曰“父在观其志，父没观其行，三年无改于父之道，可谓孝矣”，即此爻之义。《后汉书·光武十王传》曰“奉承贯行”，习行与奉承义近。初六《象传》“干父之蛊，意承考也”，六五《象传》“干父用誉，承以德也”，并以承释干，是正读干为贯。六四“裕父之蛊”，裕当读如衮。《书·康诰》“裕乃不废在王命”“乃由裕民”“乃裕民曰”“裕乃以民宁”，《足则学隶古定本》裕皆作衮；《洛诰》“裕汝永有辞”“彼裕我民无远用戾”，《多方》“尔曷不忧裕之于尔多方"，伦敦《隶古定本》裕亦作衮。《管子·山权数篇》"民之能树瓜瓠荤菜百果使蕃衮元误作衰者"亦以衮为裕。《玉篇·广韵》衮亦并与裕同。然《舀壶》"玄衮衣"，《魏受禅碑》"袭衮龙"，又并以为衮字，是衮裕古本一字。裕从谷，衮从台，台谷一字（《说文》台古文作容，从谷，可证），故衮裕亦一字。此盖本作"裕父之蛊"，裕读如衮，亦以音近借为贯。今隶改书衮为裕，注家遂训宽，训容，失之远矣。

丙　宗族

匪寇婚媾屯六二　贲六四　睽上九求婚媾屯六四婚媾有言震上六

案古言婚媾犹今言亲戚。《贩叔多父盘》曰“使利于辟王，卿事，师尹，倗友，兄弟，诸子，婚媾，无不喜”；《克盨》曰“唯用献于师尹，倗友，婚遘”；《壴卣》曰“其以父癸夙夕乡尔百婚遘”；《𦬇伯簋》曰“好（羞）倗友雩（与）百诸婚遘”；《左传·昭二十五年》子大叔曰“为夫妇内外以经二物，为父子，兄弟，姑姊，甥舅，昏媾，姻亚，以象天明”；《书·盘庚》曰“施实德于民至于婚友”，则谓婚媾为朋友。《震》上六曰“震不于其躬，于其邻，无咎，婚媾有言（愆）”者，“无咎”承“震不于其躬”言之，“婚媾有言”承“于其邻”言之，是婚媾即邻。邻亦亲也。《左传·昭十二年》杜注“邻，犹亲也”。《屯》六四“乘马班如，求婚媾”，言驾四马之车而往有所求于其亲戚之家也。凡此婚媾皆名词。因知《屯》六二，《贲》六四，《睽》上九并云“匪寇婚媾”，犹言其亲非仇耳。旧谓婚媾为嫁娶，寇为劫掠，省动词，近人遂据以说为抢婚之俗，疏矣。

丁　封建

屯……利建侯屯

案屯纯古今字。《诗·野有死麕传》曰："纯犹包之也。"纯有包义，凡物之边缘包围于外者皆可谓之纯。《礼经》衣裳冠履缘饰皆谓之纯；《书·顾命》"黼纯"，《周礼·司几筵》"纷纯"，谓席之缘饰也；《公羊传·定八年》"龟青纯"，谓龟甲边缘，即𩨨也；《淮南子·墬形篇》"纯方千里"，谓地之边缘也。又笹，所以盛谷而范围之之器也，庉，楼墙也，軘，营卫之车也，义俱最近。因之屯卫，屯戍，屯田诸义，亦莫非包围一义之引申。

古者封建侯国，所以为王都之外藩而扞蔽之，《易·屯卦》言“利建侯”，正取屯有包围营卫之义。《书·康王之诰》曰“乃命建侯树屏，在我后之人”，在读为存，存之为言栫也。《左传·哀八年》“栫之以棘”，杜注曰“栫，拥也”；《说文》曰：“栫，以柴木壅也。”“存我后之人”犹言为我后人之屏藩而拥蔽之。屯存声义俱近，《易》曰“屯……利建侯”，《书》曰“建侯树屏，存我后之人”，其义一而已矣。《正义·释文》并云“屯，难也”，其说本之《彖传》，又《序卦传》曰“屯者盈也，屯者物之始生也”，均非经旨。

戊　聘问

惠心勿问益九五惠我德同上

案此爻读益为锡，锡赐字通。《广雅·释言》曰："惠，赐也。"《孟子·滕文公上篇》曰："分人以财谓之惠。"《召伯虎簋》曰"余𧓍于君（尹）氏大章（璋）"，𧓍古蟪字，与惠通，言余赐尹氏以大璋也。后世专以施德于人谓之惠，《贾子新书·道德篇》曰"心省恤人谓之惠"是也。此曰"惠心"犹言"惠德"，用后起专字。问亦惠也，《杂记下》"相问也既封而退"，注曰"相问，尝相惠遗也"，《诗·女曰鸡鸣》"杂佩以问之"，与"赠之”“报之”连言；《左传·成十六年》“问之以弓”，《疏》曰“遗人以物谓之问”；《哀十一年》“使问弦多以琴”，《疏》曰：“礼以物遗人谓之问。”然则惠问皆施与之谓，唯以德施曰惠，以财施曰问耳。“惠心勿问”者，以德惠人而不用财物，与《论语·尧曰》篇“君子惠而不费”同义。《说文》曰“费，散财物也”，是费犹问矣。王注曰“惠而不费，惠心者也”，此释“惠心”之义则确，唯不知“勿问”亦即不费耳。

己　争讼

不克讼归而逋其邑人三百户无眚讼九二

案《集解》从虞读“归而逋”句，“其邑人三百户无眚”句；《正义》从王读“归而逋其邑”句，“人三百户”句。荀爽曰“逋，逃也，谓逃失邑中之阳人”，是读“归而逋其邑人三百户”九字为句。案荀读得之，唯解逋义未谛。训逋为逃，则是内动词，内动词不得有宾语。今观“逋其邑”之语，逋显系外动词，而以“邑”为其宾语，则荀说不攻自破。以声求之，疑逋当读为赋。《论语·公冶长篇》“可使治其赋也”，《鲁论》作傅，是其比。《说文》

曰“赋，敛也”；《公羊传·哀十二年》何注曰“赋者敛取其财物也”“不克讼，归而赋其邑人三百户，无眚”者，盖讼不胜而有罪，乃归而赋敛其邑人，于是财用足而得以自赎，故曰无眚也。

得金矢噬嗑九四得黄金六五

案《周礼·大司寇》曰：“以两造禁民讼，入束矢于朝，然后听之。以两剂禁民狱，入钧金，三日乃致于朝，然后听之。”郑注曰：“造，至也。使讼者两至。既两至，使入束矢，乃治之也。不至，不入束矢，则是自服不直者也。”又曰：“剂，今券书也，使狱者各赍券书。既两券书，使入钧金，又三日乃治之，重刑也。不券书，不入金，则是亦自服不直者也。”《管子·中匡篇》曰：“无所计而讼者，成以束矢。”又《小匡篇》曰“无坐抑而讼狱者，正三禁之，而不直，则入束矢以罚之”，《齐语》作“索讼者，三禁而不可上下，坐成以束矢”，韦注曰：“索，求也，求讼者之情也。三禁，禁之三日，使审实其辞也。而不可上下者，辞定不可移也。坐成，狱讼之坐已成也……讼者坐成，以束矢于朝，乃听其讼。两人讼，一人入矢，一人不入，则曲，曲则服。入两矢，乃治之。”据此，则力不能输束矢钧金者，即不得讼；一人能输，一人不能，虽有讼之者坐亦不成。《诗·行露》曰“虽速我狱，室家不足”“虽速我讼，亦不女从”，盖谓室家不足，力不能输矢金，故不能从汝相讼也。孙诒让曰：“据《管子》所云，盖讼未断之先，则令两入束矢。既断之后，则不直者没入其矢以示罚，其直者则还其矢。故《淮南子·泛论训》云：‘齐桓公令讼而不胜者出一束箭。’明胜者不失矢矣。”又曰：“【大司寇】入钧金，三日乃致于朝，然后听之者，此亦谓狱未断之先，两入钧金，既断之后，则不直者没入金以示罚，直者仍还其金。故《易·噬嗑》为狱讼之象，其九四爻辞云‘得金矢’，又六五云‘得黄金’，即谓讼得直而归其钧金束矢也。”《周礼正义》案孙氏谓直者还得其金与矢，引《易》以证礼，殆不可易。今移其说转以读《易》，而《易》义亦霍然皜然。余唯《易》义之亡于象数者久矣，唯求之于礼俗如孙氏此说之为，乃能复之，故备述之以为治《易》之龟鉴。

庚　刑法

比之匪人比六三否之匪人否匪夷所思涣六四

案《诗·何草不黄》曰“哀我征人，独为匪民”，匪之为言罪也，《说文》罪从网非声。古以有罪之人服力役，《诗》征夫即役夫，故自称匪民。匪声转为罢。罢疲古通，匪转为罢，犹匪转为彼。《周礼·大司寇》曰“以圜土聚教罢《群书治要》引作疲民”，又曰：“以嘉石平罢民。凡万物之有罪过，而未丽于法，而害于州里者，桎梏而坐诸嘉石，役诸司空。”《司圜》曰“掌收教罢民”，刘众注曰：“罢民，谓恶人不从化，为百姓所患苦，而未入五刑者也。”“匪人”犹匪民，罢民也。卦爻辞无民字，盖以人为之。《比》六三曰“比之匪人，凶”从《释文》引王肃本补，之犹于也，亲比于匪人，故凶。《否》曰“否之匪人，不利君子贞”，匪人为有罪之小人，故不利君子贞。古字“人”“夷”不分。《夷卣》“人乍《父己》卣”，又“人乍《父戊》卣”，人并读为夷；《般甗》“王宜人方”，《小臣俞尊》“隹王来正人方”，人方即夷方；《疐鼎》“省（眚）于人身”，即夷身，上文“王令趞截东反尸（夷）”可证。《涣》六四“匪夷所思”，匪夷疑亦当作匪人。

介于石豫六二困于石困六三

案《周礼·大司寇》曰：“以嘉石平罢

民。凡万民之有罪过而未丽于法，而害于州里者，桎梏而坐诸嘉石，役诸司空。重罪，旬有二元误三，从王念孙改。日坐，朞役。其次九日坐，九月役。其次七日坐。七月役。其次五日坐，五月役。其下罪，三日坐，三月役。使州里任之，则宥而舍之。”又《司救》曰：“凡民之有衺恶者，三让而罚，三罚而士加明刑，耻诸嘉石，役诸司空。”又《朝士》曰：“左嘉石，平罢民焉。”《困》六三“困于石，据于蒺藜，入于其宫，不见其妻，凶”，“据于蒺藜”犹《坎》上六“寘于丛棘”，狴狱之象，则“困于石”之石当即嘉石，困辱于石上，犹《司救》曰“耻诸嘉石”也。《豫》六二“介于石，不终日，贞吉”，介疑读为价。《说文》曰“价，忧也”；《方言》十二曰

“忦，恨也”；《汉书·陈汤传》“百姓介然有秦民之恨”，字正作介。忧恨与困辱义相因，“忦于石”亦犹“困于石”也。然而坐石之期暂，至“不终日”，则是过小而罚轻，故又为吉占。《周礼·司市》曰：“上旌于思次以令市，市师莅焉，而听大治大讼，胥师贾师莅于介次，而听小治小讼。”疑介亦即忦，本刑罚之名，故引申为牢狱之称，谓之介次。

君子维有解解六五

案维犹系也，与《随》上六“拘系之，乃从维之”义同。解，释也。“维有解”，即系而得释，义至浅显。诸家皆以维为语词，《集解》且改书作惟，误甚。

习坎入于坎窞凶坎初六险且枕入于坎窞勿用六三

案侵幽二部每相转，古言坎，犹今言窖。窞《释文》引王肃又作陵感反，则读如槛，槛声转为牢。然则坎窞犹窖牢矣。坎窞叠韵连语，析言之，亦可曰坎，或曰窞；转为窖牢，亦然。古者拘罪人与拘牲畜同处，故系牲之圈曰牢，系人之狱亦曰牢。卜辞牢作□若□。以泉作□推之，知牢本凿地为之，如今之地窖。《汉书·苏武传》曰“单于……乃幽武置大窖中”；《尹赏传》曰“治狱穿地，方深各数丈余，乃以大石覆其口，名曰虎穴”；《御览》六四二引《三国典略》曰：“乃奏暹及季舒过状，各鞭二百，徒于马城，昼则供役，夜置地牢。”凡此皆古牢之遗也。或谓之埳,《论衡·乱龙篇》曰:“李子长为政,欲知囚情,以梧桐为人,象囚之形,凿地为埳,卧木囚其中,罪正者木囚不动,冤侵夺者木囚动出。”埳即坎窞也。《释文》坎本亦作埳,京刘作欿。《憙平石经》亦作欿。习读为袭。《书·金縢》“一习吉”,《左传·宣十年》“卜不袭吉”,作袭。《周礼·胥师》“袭其不正者”,注曰:“故书袭为习。”《老子》五十二章“是谓袭常”,《景龙经》碑,《古楼观经》碑,唐写本,傅本,玄宗御注本等并作习。《淮南子·览冥篇》“袭穴而不敢咆”,高注曰“袭,入也”;《公羊传·僖十四年》“袭邑也”,何注曰:“袭者,嘿陷入于地中。”初六“习坎,入于坎窞”,正以“入于坎窞”释“习坎”之义。习坎即入牢狱,故占曰凶。六三“来之坎坎,险且枕,入于坎窞,勿用”者,

“来之坎坎”与“险且枕”以下，似系二辞，不当连读。《释文》枕古文作沈，俞樾训深，是也。“险且沈，入于坎窞，勿用”，言坎险而深，入焉者即无复出之望，故将入狱而得此卦者，宜勿用之也。要之，《坎》初三两爻言“入于坎窞”，皆谓入狱。先儒唯干宝说为近塙。其注初爻曰：“刑狱之用，必当于理，刑之正也；及其不平，则枉滥无辜，是法失其道也，故曰‘入于坎窞凶’矣。”注三爻曰：“来之坎坎者，斥同人观衅于殷也……险且枕者，言安忍以暴政加民，而无哀矜之心，淫刑滥罚，百姓无所措手足，故曰来之坎坎，终无功也。”此解全辞，虽多牵合，然以坎窞为刑狱之事，则不误。至《九家逸象》坎为法律见《集解》，为桎梏，《孟氏逸象》坎为法，为罚，并《说卦传》坎为隐伏，疑皆据上六“系用徽纆，寘于丛棘”言之。实则卦名“习坎”本谓入狱，而爻言刑狱者甚多，不特上六而已也。

樽酒簋贰用缶纳约自牖坎六四

案王夫之谓“用缶”为樽簋皆用陶器，王引之说同，并引《礼器》“五献之尊门外缶”及《墨子》“土塯土形”为证，其说并是。约犹取也。约从勺声，勺训挹取，《说文》酌钓并训取，上《坊记》郑注，下《淮南子·主术篇》高注。汋训盗取《周礼·十师》郑众注，又勺训挈《广雅·释诂三》，挈训牵引《说文》，引亦取也，是约亦有取义。“纳约自牖”即纳取自牖。酒食而必自牖纳取之者，盖亦就在狱中者言之。古狱凿地为窖，故牖在室上，如今之天窗然。今贫家草舍开上纳明，以破瓮之半侧覆之以御雨，所谓瓮牖者，亦此类。以地窖为狱，则狱全不可见，唯见其牖，书传称殷狱曰牖里，或以此欤？《水经·荡水注》引《广雅》曰“牖，狱，犴也”，一本牖作称，连上读。今本《广雅》亦无牖字。疑莫能明，不敢据引。《集解》引崔憬曰：“内约，文王于纣时行此道，从羑里内约，卒免于难，故曰‘自牖，终无咎’也。”案崔意即以牖为牖里，诸书羑牖错出，牖里首见《尚书大传》并以为文王事。爻辞中固多殷周间故事，然则崔氏此说，或有所受之，姑箸之以俟考。

系用徽纆寘于丛棘三岁不得凶坎上六

案古者执罪人，周其身置以棘，所以壅

遏之也。《左传·哀八年》曰："邾子又无道，吴子使太宰子余讨之，囚诸楼台，囚之以棘。"《僖十五年》曰"穆姬闻晋侯将至，以太子䓨弘与女简璧登台而履薪焉"，注曰"穆姬欲自罪，故登台而荐之以薪，左右上下者皆履柴乃得通"，此言薪盖谓棘薪。《易》曰"系用徽纆，寘于丛棘"，亦此类也。厥后俗变而意存，则狱前犹种棘焉。《周礼·朝士》曰"掌建邦外朝之法，左九棘，孤卿大夫位焉，群士在其后；右九棘，公侯伯子男位焉，群吏在其后"，《礼记·王制》曰"大司寇听之于棘木之下"，是矣。郑及九家并引《周礼》以说易，虞亦言狱外种九棘，举其流以概其源，未为审谛。"三岁不得"，得疑读为直。《晋语》九曰："邢侯与雍子争田，雍子纳其女于叔鱼以求直。”“三岁不直”，犹言三岁不得其平。郑云“不自思以得正道”，王云“不得自修”，虞云“不得出狱”，均失之凿。

其形渥鼎九四

案《集解》形作刑，引虞翻曰“渥，大刑也”，《九家易》曰“渥者厚大，言辠重也”，字并作刑，是也。《潜夫论·三式篇》引《易》亦作刑，释之曰“此言三公不胜任，则有渥刑也”，渥一作剧。《周礼·司烜氏》“邦若屋诛”，注引《易》作“其刑剧”，郑众注曰：“屋诛谓夷三族。”《汉书·叙传》下曰“底剧鼎臣”，服虔注曰“底，致也，《周礼》有屋诛，诛大臣于屋下，不露也”，颜师古注曰：

“剧者厚刑，谓重诛也。”案颜从《九家》虞说，于义为长。《齐策》四“是故无其实而喜其名者削，无德而望其福者约，无功而受其禄者辱，祸必握”从孙诒让读，握《高士传》作渥，“祸必渥”犹言祸必重也。《易》言渥，《策》言祸渥，其义正同。

见恶人睽初九

案《庄子·德充符篇》曰“卫有恶人焉，曰哀骀它”，《孟子·离娄下篇》曰“虽有恶人，斋戒沐浴，则可以祀上帝”，恶人皆谓形残貌丑之人。《睽》初九“见恶人，无咎”，义当同。六三“其人天且劓”，俞樾云天为兀之误。余谓九四“遇元夫”，元亦当读为兀，详下兀劓形残之人，即此所谓恶人。六三占曰

“无初有终”，九四曰“厉无咎”，亦并犹此曰“无咎”也。王注曰“显德自异，为恶所害”，则以恶为性行之恶。不知既为恶德之人所害，何得复云“无咎”？《正义》知其义不可通，乃云“以逊接之”，甚矣其凿也。

遇元夫睽九四

案元读为兀。《说文》髡重文作髨，又“輗，车辕耑持衡者”，经传皆作軏，是元兀古同字。《庄子·德充符篇》曰“鲁有兀者王骀”，又曰“申徒嘉，兀者也”，又曰“鲁有兀者叔孙无趾。”李注曰“刖足曰兀”，《说文》曰“跀，断足也”，重文作跀，兀与跀同。兀夫犹兀者，断足之人也。六三“其人天且劓”，俞樾云天为兀之讹，兀即跀字，其说殆墉。今案九四之“兀夫”即六三“兀且劓”之人，亦即初九之“恶人”。《正义》曰“元夫谓初九也，处于卦始，故云元也”，殊乖经旨。

辛　征伐

方国附

姤其角姤上九

案姤《释文》引薛云“古文作遘”，郑同，又《集解》及《唐石经》亦作遘，《易林》同。此爻盖读姤为构。卜辞角作□，冓作□，从二角相构。“姤其角”即构其角，斗争之象也。

乘其墉弗克攻吉同人九四

案乘犹增也。《淮南子·泛论篇》注曰“乘，加也”，《广雅·释诂二》曰：“增，加也”，乘增声类同。《诗·七月》“亟其乘屋”，乘亦训增，谓增加其屋之苫盖。盖屋用茅，此与上“昼尔于茅，宵尔索绹”。应属同类，故连言之。“乘其墉，弗克攻”，谓增高其城墉，使敌来不能攻，故为吉占。王注曰“处上攻下，力能乘墉者也”，《正义》曰“乘上其墉，欲攻之也”，皆训乘为升，而以攻我为攻人。不知城所以守，非所以攻，且不克攻人，亦何吉之有？是以知其不然。

曰闲舆卫大畜九三

案《释文》引郑本曰作日，注曰“日习车徒”，于义为长。闲读为简，校阅也，校阅之亦即习之。《公羊传·桓六年》曰：“大阅者何，简车徒也。”“日闲舆卫”犹日简车徒矣。

师出以律否臧师初六

案《周语》下伶州鸠对景王曰："【武】王以二月癸亥夜陈，未毕而雨，以夷则之上宫毕，当辰，辰在戌上，故长夷则之上宫，名之曰羽，所以藩屏民则也。王以黄钟之下宫布戎于牧之野，故谓之厉，所以厉六师。以太簇之下宫布令于商，昭显文德，底纣之多罪，故谓之宣，所以宣三王之德也。反及嬴内，以无射之上宫布宪施于百姓，故谓之嬴乱，所以优柔容民也。"《史记·律书》曰："六律为万事根本焉，其于兵戎元作械。案戎误为戒，又误为械。尤所重，故云望敌知吉凶，闻声知胜负，百王之道也。武王伐纣，吹律听声，推孟春以至于季冬，杀气相并，而音尚宫。"《周礼·大师》曰"大师，执同律以听军声而诏吉凶”，郑注曰：“大师，大起军师。”注又引《兵书》曰：“王者行师出军之日，授将弓矢，士卒振旅，将张弓大呼，大师吹律合音。商则战胜，军士伍；角则军扰多变，失士心；宫则军和，士卒同心；徵则将急数怒，军士强；羽则兵弱，少威明。”贾疏以为武王《兵书》。《六韬·五音篇》曰：“武王问太公曰：‘律音之声，可以知三军之消息，胜负之决乎？’太公曰：‘夫律管十二，其要有五音，宫商角徵羽，此真正声也，万代不易。五行之神，道之常也，金木水火土，各以其胜攻也。其法，以天清净无阴云风雨，夜半，遣轻骑至人敌之垒，去九百步外，遍持律管，当耳大呼惊之，有声应管，其来甚微。角声应管，当以白虎。徵声应管，当以玄武。商声应管，当以朱雀。羽声应管，当以句陈。五管声尽不应者宫也，当以青龙。此五行之符，佐胜之徵，成败之机。’武王曰：‘善哉！’太公曰：‘微妙之音，皆在外候。’武王曰：‘何以知之？’太公曰：‘敌人惊动则听之。闻鼓之音者角也，见火光者徵也，闻金铁矛戟之音者商也，闻人呼啸之音者羽也，寂寞无声者宫也。此五音者，声色之符也。’”《五行大义》引《黄帝兵法》亦有审五音知敌性，及候风声之术。案《六韬》之说，多所增饰，然行师吹律以候吉凶之术，固当自古有之。《左传·襄十年》曰：“楚师伐郑……晋人闻有楚师。师旷曰：‘不害，吾骤歌北风，又歌南风，南风不竞，多死声，楚必无功。’”服、贾、杜注俱以歌风为吹律，又其一验也。《师》初六曰“师出以律，否藏，凶”者，律即六律之律，否，晁氏云荀、刘一行并作不，《晋语》五“夫师，郤子之师也，其事藏”，韦注曰“藏，善也，谓师有功”，此言师出验之六律而不善，故其占凶也。爻辞多说殷周间事，此言“师出以律”，证以《周语》以下所载武王事，是行军吹律，候验吉凶，盖周初已然矣。《史记·律书》“六律为万事根本焉，其于兵戎尤所重”，《索隐》曰：“《易》称师出以律，是于兵戎元亦误械尤重也。”此释律为六律，最为有见，而自来注家，咸未道及，余故略征往籍，为证成其说如此。

得敌或鼓或罢或泣或歌中孚六三

案罢读为鼙。《方言》十曰“䍆，短也”，

《说文》曰："逋，短人立逋逋也"；《后汉书·马融传》上注引《字书》曰"摆亦捭字也"；髀《说文》髆读若罢。此并罢卑二声相通之证。鼓谓击鼓，鼙亦谓击鼙；盖鼙之言捭也，《说文》曰："捭，两手击也。"歌谓哀歌。详下"不鼓缶而歌"条。"或鼓或鼙，或泣或歌"，鼓与鼙，泣与歌，连类对举。此盖言奏凯之事，"得敌"犹言执俘，鼓鼙即《周礼·眡瞭》所谓"鼜恺献"，泣歌者敌囚也。或鼓鼙而喜，或歌泣而悲，胜败分而哀乐异也。中得声转通用《周礼·师氏》"掌国中失之事"，注曰"故书中为得，杜子春云当为得"；《吕氏春秋·至忠篇》"射随兕中之"，《说苑·立节篇》作"射科雉得之"；《淮南子·齐俗篇》"天之员也，不得规，地之方也，不得矩”,《文子·自然篇》得作中。馘俘字金文只作孚。此爻盖读中孚为得俘，故以“得敌”解之。

直方大不习无不利坤六二

《熊氏经说》曰：“郑氏古《易》云，坤爻辞‘履霜’‘直方’‘含章’‘括囊’‘黄裳’‘玄黄’协韵，故《象》《传》《文言》皆不释大，疑大字衍。”案大盖即下文不之讹衍。方谓方国。古直省同字，直方疑即竹方。《观·象传》曰“先王以省方观民设教”,《复·象传》曰“后不省方”,《吕氏春秋·知分篇》曰：“禹南省方。”《淮南子·精神篇》同。卜辞作徣方，云“□午卜，壳贞今春王徣方，帝受我□”《簠》游一、一；“贞王徣方，受㞢右”《珠》一；“贞王徣方”《簠》游二、九；“戊寅卜，亘贞徻方”《簠》游一、二；“贞徻方”《拾》一〇，五；“徻方，寅”《簠》游一、四。省方犹后世之巡狩《东京赋》“省方巡狩”，其事劳民耗财，不宜常行，故曰“不习，无不利”。

壬　迁邑

汔至亦未繘井羸其瓶凶井

案《周书·皇门篇》“讫亦有孚”，孔注曰“讫，既也”，讫与汔通。亦犹犹也，尚也。繘读为矞。《广雅·释诂三》矞掘并训穿，“矞井”犹掘井也。羸《蜀才》作累，郑读曰虆。案当读为儡。《说文》曰“儡，相败也”，《汉书·游侠陈遵传》引扬雄《酒箴》曰“为瓽所轠”，轠与儡通。瓶儡犹九二曰“瓮敝”矣。既至新邑，井犹未掘，而瓶已先敝，故凶。

三　有关心灵事类

甲　妖祥

日昃之离不鼓缶而歌则大耋之嗟凶离九三

黄离元吉六二

案《说文》曰“厢，日在西方时侧也”，引此经作厢，又曰“昊日西也”，昃厢昊并同。《周礼·眡祲》曰：“掌十辉之法，以观妖祥，辨吉凶；一曰祲，二曰象，三曰镌，四曰监，五曰暗，六曰瞢，七曰弥，八曰叙，九曰隮，十曰想。”郑众注曰：“辉谓日光炁也。”案十辉之名，若象与想，瞢与弥等，颇似音转字变，本一名而误分为二者。先郑训瞢为“日月平车无光”，训弥为“白虹弥天”，后郑又训弥为“气贯日”。白虹弥天与日何涉？故后郑不从。然气贯日与弥字之义亦不相应。实则弥瞢一声之转，弥即瞢耳。弥之言犹弥离也。《尔雅·释诂》“覭髳，茀离也”，郭注曰：“茀离即弥离，弥离犹蒙茏也。”蒙茏与朦胧同，弥谓之弥离，犹瞢谓之朦胧。《周礼》故书弥作迷，则犹弥离一作迷离。《木兰诗》曰“雌兔眼迷离”，谓兔目朦胧无光也。声转为幂䍥，《广韵》曰“幂䍥，烟貌”，亦谓其无光。然此义实离之引申。离罗古同字。罗之为物，质薄而半透明，凡光为罗所掩，视之朦胧如月色，幂䍥如烟雾，故引申之有无光之义。《庄子·齐物论篇》“罔两问景”，崔注曰“罔两，罔浪有无之状”，郭注曰：“景外之微阴也。”案即网罗声之转，景外微阴，若有若无，亦一【罗】义之引申。罔两又为鬼物之名，字作魍魉，一曰魑魅。魑魅即离昧，亦即迷离之倒。弥（迷）离连语，例得析言，《易》言离犹《礼》言弥（迷）耳。《太玄》瞢次六测曰："瞢瞢之离，中不眩也。"范本不眩作蘉蘉。以瞢瞢状离，正谓离之无光，故曰不眩，或曰蘉蘉。《广韵》曰"熵，帷中火"，隔帷视火，其光迷离，故谓之熵，熵与离通。"日昃之离"，之犹而也见《古书虚字集释》，言日西昃时迷离无光也。《春秋经·庄二十五年》《三十年》《文十五年》并云："日有食之，鼓用牲于社。"《左氏·庄二十五年传》曰"凡天灾，有币无牲，非日月之眚不鼓"，《文十五年传》曰："日有食之，天子不举，伐鼓于社，诸侯用币于社，伐鼓于朝……古之道也。"《昭公十七年传》昭子说略同。案缶亦鼓之类，古亦谓之土鼓。日离击缶，与日食伐鼓，皆王充所谓“彰事告急，助口气”者也。《论衡·顺鼓篇》曰：“夫礼以鼓助号呼，明声响也……大水用鼓，或时再（灾）告社，阴之大盛，雨湛不霁，阴盛阳微，非道之宜，口祝不副，以鼓自助，与日食鼓用牲于社，同一义也。俱为告急，彰阴盛也。事大而急者用钟鼓，小而缓者用铃荻（筱），彰事告急，助口气也。”《周礼·女巫》曰“凡邦之大裁，歌哭而请”，注曰：“有歌者，有哭者，冀以悲哀感神灵也。”案贾疏曰“此云歌者，忧愁之歌”，是“歌哭”谓且歌且哭，郑意以为群巫或歌或哭，微失经旨。《易》“鼓缶而歌”，亦谓忧愁之歌。日离为天之灾变，故必鼓缶哀歌，以诉于神灵而救之。“大耋之嗟”，《释文》引京耋作经，《蜀才》作咥。案当为跮，即跌字，《太玄》差次六有“大跌”之语。嗟当为蹉。此之字亦训而。“大耋之嗟”即大跌而蹉。《书·无逸》“自朝至日昃”，疏曰“昃亦名昳，言日蹉跌而下”，《左传·昭五年》注“日昳为台”，疏曰：“日昳谓蹉跌而下也。”此言日西昃时，昏暗无光，若不叩缶哀歌以救之，则必猝然蹉跌而下，如人之颠仆失据者也。六二“黄离”者，《汉书·天文志》曰“日月无光曰薄”，《史记·天官书集解》引京房《易传》又曰“日赤黄为薄”，“黄离”盖即薄。《天官书》说岁星曰“星色赤黄而沉，所居野大穰”，说填星曰“五星色……黄圜则吉”，说太白曰“黄圜和角……有年”，说辰星曰：“黄为五谷熟。”占星多以黄为吉，疑占日亦然，故曰：“黄离元吉。”

龙战于野其血玄黄坤上六

案《左传·昭十九年》曰“郑大水，龙斗于时门之外洧渊，国人请为禜焉，子产弗许”；《庄十四年》曰：“初内蛇与外蛇斗于郑南门中，内蛇死。”龙战盖即此类。古书光黄通用，《说文》黄从古文光声，是黄者火光之色，火色在赤黄之间，故黄之本义当训为赤色。《诗·駉》“有骊有黄”，《传》曰“黄骍曰黄”，《閟宫传》曰“骍，赤色”，是毛以黄为赤黄间色明甚。然《都人士》曰“狐裘黄黄”，《北风》曰“莫赤匪狐”，是古又或以黄赤通称。《左传·成二年》张侯曰“自始合而矢贯余手及肘，余折以御，左轮朱殷”，杜注曰：“今人呼赤黑为殷色。”《诗·七月传》曰：“玄，黑而有赤也。”“其血玄黄”者，盖玄当彼之殷，黄当彼之朱也。夫色彩称谓，最难准确，古人出语，例不甚拘，若必执今言以绳古义，则血宁有黄色者哉？《文言传》曰“天玄而地黄”，失之凿矣！

鸟焚其巢旅上九

案《大庄》六五“丧羊于易”，《旅》上九“旅人先笑后号咷，丧牛于易”，并用王亥兄弟事，顾颉刚氏已发其覆矣《周易爻辞中的故事》（《古史辨》三上）。然《大荒东经》曰“有人曰王亥，两手操鸟，方食其头，王亥托于有易河伯仆牛，有易杀王亥，取仆牛”，《天问》曰：“恒秉季德，焉得夫朴牛，何往营班禄，不但还来？昏微遵迹，有狄不宁，何繁鸟萃棘，负子肆情？”二书说亥恒事，皆有鸟。

《易》于“旅人先笑后号咷丧牛于易”上，亦曰“鸟焚其巢”，而卜辞王亥名且有从鸟作鵔者，“辛巳卜，贞王鵔上甲乡（响）于河”（《佚》八八八）。是鸟确为此故事“母题”之一部分。考传说谓简狄吞燕卵而生契是为殷祖，是殷之先世尝以鸟为图腾。此盖以鸟喻殷人，“鸟焚其巢”，犹言王亥丧其居处。焚疑读为偾。《左传·襄二十四年》“象有齿以焚其身”，服注“焚，僵也”。《说文》“偾，僵也”。《周语》下“高位实疾偾”，注曰“偾，陨也”，《大学》“此谓一言偾事”，注曰：“偾犹覆败也。”“鸟焚其巢”即覆其巢。或传说本谓覆巢，语讹为焚，《周易》引之，以为灾异之象，故《汉书·五行志》中之下载“成帝河平元年二月庚子，泰山山桑谷有鸢焚其巢”欤？

乙　占候

乾

案乾为乾湿本字，其緐文即漧详后“君子终日乾乾”条。卦名之乾，本当为斡并从倝声。斡者转之类名，故星中北斗亦可曰斡。古人想像天随斗转，而以北斗为天之枢纽，因每假北斗以为天体之象征，遂亦或变天而言斡，《天问》“斡维焉系”，犹《淮南子·天文篇》“天维绝”原作“天柱折，地维绝”，从《天问》王注，《大荒西经》郭注引改。矣。《说文》乾之籀文作[illegible]从昍，盖与晶同，晶古星字。疑乾即北斗星名之专字。商亦星名也，其籀文作[illegible]，卜辞作[illegible]《佚》五一八，并从昍，与乾同意，足资取证。《易纬逸象》乾为旋，旋斡义同。《史记·天官书》曰：“北斗七星，所谓旋玑（机）玉衡以齐七政。”乾为旋，北斗谓之旋机，此亦乾即北斗之旁证。《说卦传》曰“乾，西北之卦也”，盖乾即北斗，而战国以来天官家谓天庭在昆仑山上，则北斗当中国之西北隅，故《说卦传》云然。

潜龙乾初九见龙在田九二或跃在渊九四飞龙在天九五亢龙上九见群龙无首用九

案古书言龙，多谓东宫苍龙之星。《乾卦》六言龙，内九四或跃在渊，虽未明言龙，而实亦指龙。亦皆谓龙星。《史记·天官书索隐》引石氏曰“左角为天田”，《卦禅书正义》引《汉旧仪》曰：“龙星左角为天田。”九二“见龙在田”，田即天田也。苍龙之星即心宿三星，当春夏之交，昏后升于东南，秋冬之交，昏后降于西南。《后汉书·张衡传》曰“夫玄龙迎夏则陵云而奋鳞，乐时也，涉冬则淈泥而潜蟠，避害也”，玄龙即苍龙之星，迎夏奋鳞，涉冬潜蟠，正合龙星见藏之候。《说文》曰“龙……春分而登天，秋分而潜渊”，亦谓龙星。九五“飞龙在天”，春分之龙也；初九“潜龙”，九四“或跃在渊”，秋分之龙也。《天官书》曰“东宫苍龙——房，心。心为明堂，大星天王，前后星子属。不欲直，直则天王失计”，是龙欲曲，不欲直，曲则吉，直则凶也。上九“亢龙”，亢有直义，亢龙即直龙。用九“见群龙无首”，群读为卷，群从君声，君卷声近义通。《方言》四曰：“绕衿谓之裙。”《文选·江赋》“涒粼淵潾”，注曰：“水势回翔之貌。”《颜氏家训·书证篇》引《三仓》郭注曰：“莙蕴藻之类也，细叶蓬茸生，一节长数寸，细茸如丝，圆绕可爱，长者二三十节，犹呼为莙。”曰绕，曰回翔，曰圆绕，并与卷义近，是裙涒莙并有卷义，群读为卷，犹裙涒莙之训卷也。群龙即卷龙。古王者衣饰有所谓卷龙者。《诗·七罭传》曰“衮衣，卷龙也”，《周礼·司服》郑众注，《诗·采菽》笺，《释名·释首饰》说衮义并同。《说文》曰“衮，天子享先王，卷龙绣于下裳，幅一龙，蟠阿上乡”，蟠阿即卷曲之状。卷又有升龙降龙之别。升者卷曲上向，即春分之龙，降者下向，即秋分之龙，可证卷龙之龙亦斥星言。卜辞龙字或作，《殷虚书契·后编》下卷第六叶。其状尾交于首，曲身若环，岂所谓卷龙欤？《海外西经》曰“轩辕之国……人面蛇身，尾交首上”，以《天官书》“权，轩辕，轩辕黄龙体”证之，是蛇身而尾交首上者即卷龙。其星谓之权者，亦当读为卷。《诗·卢令》“其人美且鬈”，笺曰“鬈当读为权”，《左传·庄十九年》鬻拳，《后汉书·孔融传》作权，《说文》齤读若权，并其比。盖东方房心（苍龙）之为卷龙，亦犹中央权（黄龙）之为卷龙也。卷龙如环无端，莫辨首尾，故曰“无首”，言不见首耳。龙欲卷曲，不欲亢直，故“亢龙”则“有悔”，“见卷龙无首”则“吉”也。《史记·蔡泽传》泽说应侯曰“《易》曰‘亢龙有悔’，此言上而不能下，信（伸）而不能诎，往而不能自返者也”；《贾子新书·容经篇》曰：“‘亢龙’往而不返，故曰‘有悔’，悔者凶也。”案伸与亢，诎与卷，并同义字，“信（伸）而不能诎”，犹言龙亢而不能卷也。龙之体本以卷为常，亢为变，蔡贾并以亢龙为往而不返者，盖亦谓龙偶亢张而不能复其卷曲之常态。谛审二家之言，似亦并读群为卷，可与余说相发。《论衡·龙虚篇》曰“然则龙之所以为神者，以其能屈伸其体，存亡其形”，亦古卷龙亢龙说之遗。

或问上言乾（斡）即北斗，于天官属中宫，此又言龙即苍龙，属东宫，卦义与爻义，固当两歧邪？曰：卦爻两辞，本非出自一手，成于一时，全书卦爻异义之例，曷可胜数？虽然，此卦言北斗而爻言龙，亦非无故。《天官书》曰“斗为帝车”；又曰“苍龙房心……房……曰天驷”，《索隐》引《诗泛历枢》曰“房为天马，主车驾”；《尔雅·释天》郭注曰：“龙为天马，故房四星谓之天驷。”《后汉书·舆服志》注引《孝经援神契》曰“斗曲杓桡象成车，房为龙马，华盖覆钩”；又引宋均注曰：“房龙既体苍龙，又象驾四马，故兼言之也。”《论衡·龙虚篇》曰：“世俗画龙之象，马首蛇尾。”由上观之，斗亦为车，龙亦为马，车与马既交相为用而不可须臾离，则卦言斗而爻言龙，其称名虽远，其寓意实近。《天官书》又曰“杓携龙角”，《集解》引孟康曰“杓，北斗杓也，龙角，东方宿也，携，连也”；《汉书·郊祀志》上曰“以牡荆画幡，日月北斗登龙以象天原误太一”，王先谦《补注》曰：“北斗登龙，即所谓北斗七星，杓携龙角也。”夫《天官》说星，斗杓与龙角相携，汉室制幡，亦北斗与登龙并画，然则《易》因卦有斗象而爻即言龙，何足异哉？要之，卦之命名，取象于斗，爻之演义，视斗为车，既有斗以当车，即不可无龙以当马，爻与卦，一而二，二而一也。《象传》曰：“时乘六龙以御天。”天言“御”者，天以斗为枢纽，而斗为帝车，“乘六龙以御天”犹乘六马以御车耳。然则《乾卦》六爻之义，《象传》已先余得之矣。占星之术，发达最早，观《易》象与后世天官家言相会而益信。

见豕负涂载鬼一车先张之弧后说之弧匪寇婚媾往遇雨则吉睽上九

案此爻文似错互，“往遇雨则吉”五字当在“见豕负涂”下合二句为一辞。“载鬼一车，先张之弧，后说之弧，匪寇婚媾”，四句别为一辞。《诗·渐渐之石》曰“有豕白蹢，烝涉波（陂）矣，月离于毕，俾滂沱矣”，《传》

曰："将久雨，则豕进涉水波。"案豕涉波与月离毕并举，似涉波之豕亦属天象。《述异记》曰："夜半天汉中有黑气相连，俗谓之黑猪渡河，雨候也。"从《锦绣万花谷前集》一引补《御览》一〇引黄子发《相雨书》曰"四方北斗中无云，惟河中有云，三枚相连，如浴猪豨，三日大雨"，与《诗》之传说吻合，是其证验。《史记·天官书》曰"奎为封豕，为沟渎"，《正义》曰："奎……一曰天豕，亦曰封豕，主沟渎……荧惑星守之，则有水之忧，连以三年。"《易林·履之豫》诗曰："封豕沟渎，水潦空谷，客止舍宿，泥涂至腹。"此与《诗》所言亦极相似，是《诗》所谓豕白蹢者，即星中之天豕，明矣。豕涉陂而为雨象者，雨师名屏翳，《汉书·司马相如传》作冯翳，冯翳即河伯冯夷，而冯夷实又封豨之转，《天问》曰：“帝降夷羿，革孽夏民，胡䠶夫河伯，而妻彼雒嫔？冯珧利决，封豨是䠶，何献蒸肉之膏，而后帝不若？”上言河伯，下言封豨，是河伯即封豨。《类聚》九六引《符子》曰：“朔（原作邦，从《初学记》二九引改）人有（原脱，从《初学记》补。下同）献燕昭王以大豕者……其群臣言于昭王曰‘是豕无用’，王命膳夫宰之。豕既死，乃见梦于燕相曰：‘……仗君之灵，而化吾生也，始得为鲁津之伯……欣君之惠，将报子焉。’后燕相游于鲁津，有赤龟衔夜光而献之。”案鲁津之伯即河伯。赤龟献珠者，《拾遗记》曰：“玄龟，河精之使也。”此河伯即豕之明验。是屏翳亦即封豨，而雨师即豕，故传说见豕涉陂为将雨之象也。“见豕负涂，往遇雨则吉”，涂旧说皆以为泥涂。余谓负读为附，《诗·角弓》“如涂涂附”，《传》曰：“附，箸也。”豕身箸泥，亦即涉陂，渡河，入沟渎之谓，星占家以为将雨之象，故曰："往遇雨则吉。"

《天官书》又曰"舆鬼，鬼祠事"，《正义》曰"舆鬼五星……一星为积尸"；《开元占经·南方七宿占篇》引石氏曰："舆鬼五星，中央色白如粉絮者，积尸气也。"《广雅·释诂二》曰"舆，载也""载鬼一车"，盖谓舆鬼星。《天官书》又有弧星，《九歌·东君》所谓"操余弧兮反沦降"者是也。张弧说弧，盖亦斥星言。《天官书正义》又曰"舆鬼……天目也，主视，明察奸谋"，又谓弧为"主备盗贼，知奸邪者"。舆鬼主察奸谋，弧主备盗贼，故《易》上言载鬼，言张弧说弧，下复言"匪寇婚媾"。舆鬼为天目，主视，而睽本训惊视之貌，则此爻言"载鬼一车"，又与卦名之义相应矣。

或益之十朋之龟弗克违损六五　益六二

案此当读“或益之十朋之龟”句，“弗克违”句。益读为锡。《说文》曰“鬄，髲也”，《诗·君子偕老》《正义》引《说文》曰“髲，益发也”，鬄训髲，髲训益发，是鬄从易，乃假借为益。《檀弓》下曰“公叔文子卒，其子戍请谥于君，曰‘日月有时，将葬矣，请所以易其名’”，是谥从益，又假借为易。以上鬄谥二字，说本杨树达。金文《敱叔毁》曰“[illegible]贝十朋”，[illegible]古益字，益贝即锡贝也。《御览》八八引《随巢子》曰“司禄益食而民不饥，司金益富而国家实，司命益年而民不夭”，即锡食锡富锡年也。“或益之十朋之龟”，亦即锡之十朋之龟崔憬说十朋之龟为价值十朋之龟。《表记》曰“不废日月，不违龟筮”，此曰“弗克违”，即谓不违龟。《书·盘庚》曰“非敢违卜”，《大诰》曰“王害不违卜”，违龟犹违卜矣。龟值十朋，大龟也，以此卜事必灵，若是者卜不吉而违之，只以取祸，故弗克违也。

丙　祭祀

已事遄往损初九使遄六四

案初九已虞作祀，“祀事遄往，无咎”，言祭祀之事，速往行之，则无咎也。事使古同字。金文《曶鼎》“曶事厥小子𩵦以限讼于邢叔”，谓使其小子𩵦以限讼于邢叔也；《召卣》“王自敎事賫毕土方五十里”，谓使人以土方五十里之地赏毕也；《守毁》“王事小臣事于夷”，谓王使小臣出使于夷也。此类殆不胜枚举。经籍则或以使为事。《月令》“季春之月，禁妇女勿观，省妇使，以劝蚕事”，妇使即妇事，与蚕事对举，“省妇事”即仲冬之月

“省妇事，毋得淫”也。六四“使遄”即初爻“祀事遄往”之省，使亦读为事。古称祭祀曰有事，亦可省称曰事。《诗·采蘩》“于以用之，公侯之事”，《传》曰“之事，祭事也”，陈奂疑之字衍，是也。“损其疾，事遄，有喜，无咎”者，言有疾者速往祭祷之即愈也。注家知四爻之“遄”即初爻之“遄”，讵知四爻之“使”亦即初爻之“事”哉？

利已大畜初九

案《损》初九“已事遄往”，虞已作祀。此已字亦当读为祀。“利祀”犹《困》九二“利用亨（享）祀”，九五“利用祭祀”也。旧读止已之已，或人己之己，均非。

以明何咎随九四

案《井》九三“王明，并（普）受其福”，于省吾读明为盟，训祭，是矣。余谓《随》九四“以明何咎”，明亦当读为盟，以读为已，言已祭则无咎也。九四“已盟”，上六“王用亨（享）于西山”，皆言祭者，盖读随为隋。《周礼·小祝》“赞隋”，注曰“隋，尸之祭也”；《守祧》“既祭则藏其隋”，注曰：“隋，尸所祭肺背元误脊，从孙诒让改黍稷之属。”字一作堕，《仪礼·士虞礼》“祝命佐食堕祭”，注曰：“齐鲁之间谓祭为堕。”又作挼若绥，《特牲馈食礼》“祝命挼祭”，注曰“挼祭，祭神食也”，《士虞礼》注又曰：“今文堕为绥。”随下体震，《孟氏逸象》震为祭，可信。

光亨需

案卦辞无称“光亨”者，而“元亨”之语屡见，疑光当为元，字之误也。《易》亨字皆当读为享，“元亨”犹大享也。

曷之用二簋可用享损

案此当读“曷之用二簋”句，“可用享”句。曷读为匄。《汉书·广川惠王越传》“尽取善缯匄诸宫人”，注曰：“匄，乞遗之也。”金文匄字亦多用此义。《追毁》“用亯孝于前文人，用旂匄眉寿永命”，言求前文人遗我以眉寿永命，即其一例。此曰“曷之用二簋”，犹言遗之以二簋，与六五“益之十朋之龟”语例略同。诸家读“曷之用”句，“二簋可用享”句，又训“曷”为何。审如其说，则“之”

字无著，而全句亦诘籀为病，殆不可从。

晋如摧如晋初六晋如愁如六二

案《周礼·田仆》“王提马而走，诸侯晋”，注曰：“提犹举也，晋犹抑也。”《尚书大传·周传》“见乔实高高然而上……见梓实晋晋然而俯”《世说新语·排调篇》注引，是晋有俯义。初六“晋如摧如”，摧训折，训落，与晋训抑训俯义近，故晋摧并举。六二“晋如愁如”，忧愁者首常俯，《补史记·龟策列传》“首俯者忧”。《曲礼》“上于面则敖，下于带则忧”，下于带，为俯首之貌。故亦与晋并举。《说文》“榗木也”，朱骏声说即梓木。案《说文》梓楸互训，是榗楸亦一木。然则愁谓之晋，犹楸谓之榗矣。以六二下文“受兹介福于其王母”推之，“晋如愁如”盖谓祭时持事谨敬之貌，初六“晋如摧如”亦然，故并为吉占。

晋如鼫鼠晋九四

案郑注《尚书大传》曰：“晋，肃也。”唐李贺父名晋肃。晋有俯义，说已详上，此训肃，当即肃拜之肃。《周礼·大祝》曰“九曰肃捧”；《晋语》六“敢三肃之”，韦注曰“肃拜，下手至地”；《左传·成十六年》“敢肃使者”，杜注曰“肃，手至地，若今撎”，《乐府古辞·董逃行》曰“四面肃肃稽首”，肃肃，俯首下手之貌也。晋训肃，而肃为拜，是晋亦拜也。鼫鼠，《释文》引《子夏传》，《集解》引《九家》，翟、虞并作硕鼠。《正义》曰：“郑引《诗》‘硕鼠硕鼠，无食我黍’，谓大鼠也。”《诗·硕鼠正义》引陆机《疏》曰：“今河东有大鼠，能人立，交前两脚于颈上，跳舞善鸣。”案《诗·相鼠序》曰“相鼠，刺无礼也”，韩愈《城南联句》曰“礼鼠拱而立”，并即此鼠。“晋如鼫鼠”，盖谓拜时如鼫鼠拱立而手不至地。《贾子新书·容经篇》曰“微磬曰共立，磐折曰肃立……微俯曰共坐，俯首曰肃坐”，共与拱同，是拜仪之差，肃下于拱。凡拜以下为敬，故拱慢而肃敬。“晋如鼫鼠”，犹言拱而不肃，斯乃不敬之甚，故曰“贞厉”。初二两爻居下，曰晋，曰摧，曰愁，皆下手低拜之貌，而摧之为下，尤甚于愁；九四居上，则拱立而不下手。此又辞义之可征于爻位者也。

丁　乐舞

豫利建侯行师豫

案《说文》曰“豫，象之大者”，象豫一声之转，古盖本为一字。《说文》像读若养，是象古读或归喻母。《系辞上传》“是故君子所居而安者，《易》之序也”，虞本序作象，《广雅·释木》“橡柔也”。象转为豫，犹象转为序，橡转为柔。《豫卦》字当读为象，谓象乐也。《墨子·三辩篇》曰：“武王胜殷杀纣，环天下自立以为王，事成功立，无大后患，因先王之乐，又自作乐，命曰象。”字一作予。《东观汉记·明帝纪》永明三年诏曰：“《尚书璇玑钤》曰‘有帝汉出，德洽作乐名予’，案此实沿周乐旧名，而变其字，说详下。其改郊庙乐曰大予，乐官曰大予乐官，以应图谶。”又《后汉书·曹褒传》，及《御览》二二九引司马彪《续汉书》，彪书予作序。又作豫。《宋书·乐志》曰：“（晋武帝泰始）九年，荀勖典知乐事，使郭琼宋识等造正德大豫之舞。”《古今乐录》曰：“正德大豫二舞，即宣武宣文魏大武三舞也。宣武，魏昭烈舞也；宣文，魏武始舞也。魏改巴渝为昭武，五行曰大武。今凯容舞执籥秉翟，即魏武始舞也。宣烈舞有弓弩，有干戚；弓弩，汉巴渝舞也，干戚，周武舞也。宋世止革其辞与名，不变其舞，舞相传习，至今不改。琼识所造，正是杂用二舞以为大豫尔。”案周武舞即象舞，晋杂用汉之巴渝与周之武舞以为大豫，是大豫之源出于象。

实则象与予豫一语之转，晋之大豫即汉之大予，汉之大予即周之象，晋舞不但未变周汉之实，兼亦承用其名也。“豫，利建侯行师”者，豫为武王舞名，建侯行师即舞中所象之事。《礼记·乐记》曰：“夫乐者象成者也。揔干而山立，武王之事也，发扬蹈厉，太公之志也，武乱皆坐，周召之治也。且夫武始而北出，再成而灭商，三成而南，四成而南国是疆，五成而分周公左，召公右，六成复缀以崇。天子夹振之而驷（四）伐，盛威于中国也，分夹而进，事蚤济也，久立于缀，以待诸侯之至也。”案自始至四成，行师之事也；五成，六成，建侯之事也。《象传》曰：“雷出地，奋豫，先王以作乐之德，殷荐之上帝，以配祖考。”奋者振也，奋豫犹振象，谓乐容也。《左传·庄二十八年》“为馆于其宫侧而振万焉”，奋豫犹振万。先王谓武王。“乐作崇德，殷荐之上帝，以配祖考”，犹《春秋繁露·三代改制质文篇》云：“武王受命……作象乐，继文以奉天。”然则豫即武王乐名，《象传》已明之。豫坤下震上，坤为地，震为雷，雷出地有声，作乐之象也。坤又为众，震又为决（趹）躁，聚众趹躁，舞蹈之象也。《说卦传》盖亦知豫为乐名故其揭橥卦象，与乐舞之事密合如此。后世注家，惟《九家易》但知建侯行师类武王事，而不知豫即武王乐名，他家胥远失之。

又案《西溪易说》引《归藏》有夜卦，于省吾谓夜即豫，引《系辞传》“重门击柝，以待虣客，盖取诸豫”，并《九家易》说“夜者，两木相击以行夜也”，以证豫卦正字当为夜。案于说《归藏》夜即豫，是也，谓夜为正字，则非。《礼记·祭统》“舞英重于武宿夜”，郑注曰“宿夜，武曲名也”，《疏》引皇氏曰“师说书传云，武王伐纣，至于商郊，停止宿夜，士卒皆欢乐歌舞以待旦，因名焉”，又引熊氏曰：“此即大武之乐也。”案武宿夜即象乐。盖象转为豫，豫以声误为夜，世因傅会为停止宿夜之说，于是象遂又有武宿夜之名。王国维以《周颂·昊天有成命》当武宿夜，谓《诗》云“夙夜基命宥密”，因即以名，其说未谛，余别有辩。然则《归藏》字虽作夜，仍不害其为乐名也。于氏以夜为正字，于爻辞，诚若可通，于卦辞“利建侯行师”之语，则断不可通。于氏不信《象传》，然《象传》亦不尽可弃，如此言“作乐崇德”是也。要之，卦爻辞非出于一手，成于一时，学者分别观之可耳。

鸿渐于陆其羽可用为仪渐上九

案江永说陆当为阿，阿与仪韵，是也《群经补义》。《周礼·舞人》“教皇舞”，郑众注曰：“皇舞，蒙舞。书或为翌，或为义。”义与仪同，是仪即翌，舞时用以翳首之羽饰也。义仪与献古字通。《书·洛诰》曰“其大惇典殷献民”，《逸周书·作雒篇》曰“俘殷献民于九毕”，《书·多方》曰“乃惟以尔多方之义民”，《立政》曰“兹乃三宅无义民”，义民即献民。王念孙俞樾并训义为哀，于省吾训难，皆非。《大诰》曰“民献有十夫”，《大传》作民仪；《汉书·翟方进传》“民仪九万夫”，班固《窦车骑将军北征颂》“民仪响慕”，亦作仪。《皋陶谟》曰“万邦黎献”；汉《斥彰长田君碑》“安惠黎仪”，《泰山都尉孔宙碑》“黎仪以康”，《堂邑令费凤碑》“黎仪瘁伤”，献并作仪。《周礼·司尊彝》“郁齐献酌”，郑众读献为仪。《淮南子·诠言篇》“行成献元误戏，从俞樾改，止成文”，行成献即行成仪。然则《春秋经·隐五年》“考仲子之宫，初献六羽”，即初仪六羽，言以六羽为仪也。《诗简兮疏》引《五经异义》曰“《公羊》说乐万舞以鸿羽，取其劲轻，一举千里”，《公羊传·隐五年》何注亦曰：“羽者鸿羽也，所以象文德之风化疾也。”案许何说用鸿羽之义，不足据信，其谓羽为鸿羽则与《易》合，殆不可易。《说文》曰：“鸃，鵔鸃也，从鸟义声，秦汉之初侍中冠鵔鸃。”鵔鸃即俊仪，盖以鷩雉羽饰冠，因以为鸟名。

以鸿羽为舞容谓之仪，犹以雉羽为冠饰谓之鵔鸃也。仪所以饰首，《渐》上九言仪，犹乾，比，离，《既济》《未济》上爻俱言首，《大过》上爻言顶矣。

戊 道德观念

敬之需上六 离初九

案敬儆惊本同字，古无儆惊字，但以敬为之。《书·盘庚》曰“永敬大恤”，即永惊大恤，恤与卹通，亦惊也。《庄子·徐无鬼篇》“若卹若失”，李注曰“卹失皆惊悚若飞也”，《文选·七发》“则卹然足以骇矣”，注曰：“卹，惊恐貌。”《诗·常武》一章曰“整我六师，以修我戎；既敬既戒，惠（唯）此南国”，三章曰“如雷如霆，徐方震惊”，是“既敬既戒”即既惊既駴（骇）也（以上以敬为惊之例）。《书·康诰》曰“惟文王之敬忌，乃裕民”，《顾命》曰“其能而乱

（司）四方，以敬忌天威”，《吕刑》曰“敬忌罔有择（殬）言在身”，郑注《表记》曰“忌之言戒也”，是敬忌即儆（警）戒。《诗·沔水》曰“我友敬矣，谗言其兴”，敬矣即儆矣，犹言戒之也（以上以敬为儆之例）。《需》上六“入于穴，有不速之客三人来敬之，终吉”，敬当读为儆，言有不速之客来，当戒备也。《离》初九“履虎尾错然敬之，无咎”，错读为誻，《说文》曰：“誻，惊貌。”《后汉书·寒朗传》“二人错愕不能对”，亦作唶。《履》九四“履虎尾愬愬，终吉”，《子夏传》曰“愬愬，恐惧貌”，誻愬音义近，誻然犹愬愬也。敬读为惊。“履虎尾，誻然惊之，无咎”，与“履虎尾，愬愬终吉”，语意全同。《正义》读《需》上六《离》初九两敬字皆为恭敬之敬，未得经旨。

履错然敬之离初九

案《履卦》三言“履虎尾”，疑此文履下亦有“虎尾”二字。错读为踖，敬读为惊并详上“敬之”条，“履虎尾，踖然惊之，无咎”，犹《履》九四“履虎尾，愬愬，终吉”也。凡初爻多言尾，《遯》初九“遯尾”，《既济》初九《未济》初六并云“濡其尾”。此初九云“履虎尾”，例与彼同。《群书治要》引《尸子·发蒙篇》曰：“《易》曰‘若履虎尾，敬之，终吉’，疑即出此卦。”《尸子》所引虽不与今本尽同，然履下有“虎尾”二字，于文为顺，当从之。

君子终日乾乾夕惕若厉无咎乾九三

案旧读“夕惕若厉”四字截句，非是。此当读“君子终日乾乾夕惕若”句，“厉无咎”句。“惕若”与“颙若”“沱若”“嗟若”词例同。“厉无咎”之语亦见《噬嗑》六五，《复》六三，《睽》九四。又《姤》九三曰“厉无大咎”。《文言传》曰“故乾乾因其时而惕，虽危无咎矣”，正以“虽危无咎”释“厉无咎”。乾与巜涓本同字。乾篆作𠦝，从⺄即巜字陈梦家说，乾盖即巜又注倝为音标。《说文》曰“⺄水小流也”古泫切，小流与乾涸义近，故经传皆以乾为乾湿字。𩇯文作漧，见《九辩》。加水旁，于义为复，然益可证乾之初义为水乾。然《说文》又云“涓，小流也”，与训“水小流”之巜音义同，《皋陶谟》“浚畎浍距川”，《说文·川部》引作“浚巜《”，郭璞《江赋》“商榷涓浍”，正以涓为巜。

则涓乾亦本同字。以乾涓异体同字例之，则乾亦可借为悁。此乾乾正当读为悁悁。玄应《一切经音义》二〇引《声类》曰："悁，忧貌也。"《诗·泽陂》"中心悁悁"，《传》曰"悁悁犹悒悒也"，《大戴礼记·曾子立事篇》"君子终身守此悒悒"，卢注曰："悒悒，忧念也。""终日悁悁夕惕若"悁惕对举，义相近也。《集解》引干宝曰"故君子忧深思远，朝夕匪懈"，似以忧思总释乾惕二字，此说得之。《正义》训乾乾为健健，非也。

四　余录

以下无类可入者如干条亦足补充旧注今并录之备参览焉

坤

案《西溪易说》引《归藏》坤作𡗝《玉海》三五引《归藏初经》误作集,《碧落碑》作臾《集韵》载古文同,《焦氏笔乘》作舆,《字典》又载别体畁貴诸形，未详所出。《说文》蕢之古文作臾，其字金文作申《舀鼎》遗字所从，或作臾,《旂鼎》遗字所从,《遗卣》《王孙遗者钟》略同。臾即臾之讹，臾𡗝舆畁皆臾之小变，貴即贵字，是《归藏》以下均以臾若贵为坤也。此最得造字之本源。寻申臾本象双手扫土凷形，当即古凷字，故其孳乳字，蕢训盛土之器《汉书·何武王嘉师丹传赞》注，𡑞训委土为墠坛《周礼·鬯人》注，蕢又与凷通,《礼记·礼运》注,《明堂位》注，并读蕢为凷。而古曰富贵，本即受命有土之谓。坤从申，即臾之初文。于声坤臾（贵）对转，于字申臾同源，是臾叟臾畀等即古坤字无疑。申申为古甴字，既如上说，坤从土从申，实即甴之别构，故《晋语》四曰："坤，土也。"《左传·庄二十二年》同。古曰土，今曰地，故《说卦传》曰："坤为地。"《说文》甴之重文作块，甴坤同字，则块坤亦同字，故《乾凿度》曰"一块之物曰元误目地"，《文选》张茂先《答何劭诗》注曰"大块谓地也"，坤之为地犹块之为地耳。因知《象传》"坤厚载物"，犹《庄子·大宗师篇》"大块载我以形"也，《象传》"地势坤，君子以厚德载物"，言地势块然而厚大，故能载物也。若夫《系辞下传》曰"夫坤隤然示人简矣"，以隤释坤，例取声训，尤坤从申犹从臾（贵）之佳证。《乾坤凿度》曰“太古变乾之后，次凿坤度，圣人法象，知元气隤委，固甲作捍捂，孕灵坤”，亦以隤释坤。虞翻训隤为安，则似仍读为块。《荀子·君道篇》“块然独坐，而天下从之如一体”，谓安然独坐也；《谷梁传·僖五年》“块然受诸侯之尊”，《疏》引徐邈曰：“块然，安然也。”字一作魁。《庄子·庚桑楚篇》“犹之魁然”，《释文》及《疏》并云：“魁，安也。”《字典》又载坤之别体作魌，疑即魁之讹，以为坤之异体，与坤声义俱隔。要之，坤臾甴块本系一字，或作臾臾臾畁，皆臾之小变，又作贵（贵）作魌（魁）则声近通假。《说文》坤从申酉之申，云“土位在申”其识字形已误，宜其说解亦缪也。

颠颐拂经于丘颐征凶颐六二颠颐吉六四

案戴齿之骨谓之颐今曰颚骨齿亦谓之颐，《易》颐字谓齿也。卦画作䷚，侧视之，正像口齿形。《卜辞》齿作[illegible]，《说文》载古文[illegible]，并与卦画同意。颠颐即颠齿。《管子·山国轨篇》“请区元误作毆之颠齿，量其高壮”。字一作巅，《周礼·典瑞》“大丧共饭玉，含玉，赠玉”，注曰“含玉，柱左右巅及在口中者”，《释文》巅本作颠。《仪礼·既夕记》“宝贝，柱左巅右巅”，《疏》曰：“左巅右巅，牙两畔最长者。”颠颐即巅齿，巅牙也。或省作真。《素问·上古天真论》“故真牙生而长极”，王注曰：“真牙，谓牙之最后生者。”晋李颐字景真，枚赜字仲真，赜为颐之误朱骏声说。名颐，字真，即用《易》“颠颐”之义。然疑本字当作丁。知之者，贾疏谓齻为牙两畔最长者，王注谓牙之最后生者，而《正通》复曰："男子二十四岁，女子二十一岁，齻牙生。"是齻即今所谓壮齿也。古书每训丁为弱，又称壮年为丁年，壮男壮女为丁男丁女。丁女见《墨子·备城门》篇。盖丁齻音近，丁即齻牙本字，齻牙即壮齿，故丁有壮义。《尔雅·释天》说月阳曰"在丁曰圉"，说岁阳曰"在丁曰强圉"，《史记·历书》作强梧，圉梧并近牙，《海内北经》"驺吾"，《史记·补滑稽列传》作"驺牙"，《汉书·地理志》"金城郡允吾县"应劭注音铅牙。"在丁曰圉"即"在丁曰牙"，"在丁曰强圉（强梧）"即"在丁曰强牙"，强牙即壮齿矣。《尔雅》以壮齿为丁。此丁即齻牙本字之明验。《字镜》曰"齻，平牙也"，而丁声字正有平义，《说文》"汀，平也”“订，平议也”。疑殷周古文丁作▢，即象齻牙上平之状。孶乳为钉，亦取象齻牙之形，其首平方与牙之上端同，其锐端入木者又与牙根之入于龈者同。夫古人以齿判年寿，故称曰齿曰龄，今考齻牙字本作丁，而丁复有坚强壮盛之义，则《易》言“颠颐”为壮年之象决矣。“丘颐”者，对“颠颐”而言者也。《史记·孔子世家》曰“生而首上圩顶，故因名丘”，《说文》曰“丘……一曰四方高中央下曰丘”，《广雅·解诂三》曰：“丘，空也。”丘训空，疑丘颐之丘本字当为齨。《说文》曰“齨，老人齿如臼也”，丘齨声义俱近。《曲礼》上曰“百年曰期颐”，期与丘齨声并近，《御览》五一〇引《道学传》有安丘丈人，案即《史记·秦始皇本纪·封禅书》及《乐毅传》之安期生，余别有考《尔雅·释鸟》“鵅鵋䳢”，郭注曰：“今江东呼鸺鹠为鵋䳢。”鸺，《说文》以为旧之重文，鸺鹠鵋䳢均双声连语，䳓通作期，犹旧一曰鵋䳢也。“期颐”盖即“丘颐”，老人齿圩下中空，故呼百年曰丘颐也。《易》记名老寿为丘颐。犹《诗》言“儿齿”“黄发”“台背”，皆据生理现象言之也。“颠颐拂经于丘颐征凶”，《子夏传》拂作弗，《集解》征作贞，均是。此爻但言年寿，不涉征行之事，故知征为贞之误。《象传》“六二征凶，行失类也”，征亦当为贞，此以“行”释经之“经”字，非释“征”字也。《集解》引侯果曰“正则失养之类”，即以“正”释“贞”，是侯本传文正作“贞”。此当读“颠颐”句，“弗经于丘颐”句，“贞凶”句。经，历也。《文选·西京赋》薛注：“弗经于丘颐”，犹言历年弗至于老寿，故曰：“贞凶。”六二颠颐凶而六四颠颐吉者，颠颐对丘颐言，谓但及壮龄，不登大寿，故凶，若单言颠颐，则壮盛之年，血气充盈，如日方中，故仍为吉。二四两爻，吉凶异占，义各有当也。

引吉萃六二

案引疑当为弘，字之误也。“弘吉”占卜术语，卜辞屡见之。《尔雅·释诂》曰：“弘，大也。”六二“弘吉无咎”犹九四“大吉无咎”也。

豚鱼吉中孚

案“豚鱼”疑读为屯鲁。豚通作屯，犹豚一作豘。鱼鲁古本同字，鲁金文或作鲁，《鲁原生鼎》《或者鼎》《井人妄钟》。从鱼加口为标识，仍鱼字也。金文每言屯鲁；《叔夷钟》曰“其万福屯𥈞”,《秦公钟》曰“以受屯鲁多厘”,《臭生钟》曰“用匄康虔屯鲁”,《士父钟》曰“唯康右屯鲁”,《㣥𥁕》曰“用旂眉寿屯鲁”,《善鼎》曰“用匄屯鲁雩万年”。他若《𢾊䜌鼎》“用锡康嗣鲁休屯右”,《归夆簋》“用旂屯录永命鲁寿”,又皆屯鲁分词并举。此曰“屯鲁吉”,则犹《井人妄钟》“得屯用鲁,永冬(终)于吉”也。《中孚》下体《兑·易林逸象》兑为鲁,疑若可信。

若号一握为笑萃初六

案《说文》曰“咆喔也”“喔,鸡声也”,《字镜》曰:“咆喔,鸡鸣。”鸡声与笑声相似,《楚辞·九思·悯上》曰“諓諓兮嗌喔”,注曰“嗌喔,容媚之声”,谓笑声也,嗌喔与呝喔同。呝或变作咿，倒其词曰喔咿，《楚辞·卜居》“喔咿嚅唲”，注曰“强笑噱也”，《韩诗外传》九曰：“喔咿而笑之。”“一握”与“呝喔”“嗌喔”“咿喔”同号谓号咷，哭也。“若号，一握为笑”谓初似号哭，忽变而为笑。此与《同人》九五“先号咷后笑”同为先凶后吉之象，故占曰“勿恤，往无咎”。

闻言不信夬九四有言不信困

案《史记·补龟策列传》曰：“命曰：首仰足肣，有内无外……行者闻言不行，来者不来，闻盗不来，闻言不至，徒官闻言不徙……岁中有兵，闻言不开。”《易》“闻言不信”“有言不信”，当即此类。《夬》九四王注曰“刚亢不能纳言”，以言为忠言，《困·正义》曰“巧言饰今作能，此依《毛本》辞，人所不信”，又以言为谗言，殆不然矣。

小有言需九二　讼初六主人有言明夷初九婚媾有言震上六小子厉有言渐初六

案言皆读为愆。言平古当同字，《说文》曰：“辛，平也，读若愆。”《诗·云汉》“昭假无赢”，马瑞辰释无赢为无过，余谓语与《列祖》“昭假无言”同，无言即无愆，愆亦过也。字或径作愆。《抑》“不遐有愆”，犹《下武》“不遐有佐（差）”，《泉水》“不瑕有害”，有愆亦谓有过。又或作遣。卜辞“叀異不益，住之有遣”《后》下三、一〇，“㞢祟……亡终遣”北大藏骨，金文“大保克敬，亡遣”《大保簋》，“王飨酒，遹御，亡遣”《遹簋》遣即谴字。愆谴音义不殊，当系同语。《论衡·累害篇》曰“孔子之所罪，孟轲之所愆也”，所愆犹所谴矣。《易》凡言“有言”，读为有愆，揆诸辞义，无不允洽。《需》九二曰“需于沙，小有言，终吉”，“言”与“吉”对文以见义，犹《蛊》九三“小有悔，无大咎”也。《象》曰“需于沙，衍在中也”，正以“衍”释“言”，衍即愆字。《左传·昭二十一年》“丰愆”，《释文》本作“衍”。九三象“需于泥，灾在外也”，语例与上爻同，“衍”“灾”互文，“中”“外”对举也。《讼》初六曰“不永所事，小有言，终吉”，《象》曰“不永所事，讼不可长也，虽小有言，其辩明也”，谓虽暂涉狱讼，小有灾祸，而终得昭雪。“言”与“吉”亦对文。《明夷》初九曰“君子于行，三日不食，有攸往，主人有言”，言君子处悔吝之中，久不得食，苟有所适，其所主之家亦将因以得祸也主字义详《经义述闻》。《震》上六曰“震不于其躬，于其邻，无咎，婚媾有言”，己身无咎而婚媾有过，即“震不于其躬，于其邻”之谓，此与《渐》初六“小子厉，有言，无咎”，皆“有言”“无咎”对举，与《需讼》之“有言，终吉”，词例亦同。《书·立政》曰“文王罔攸兼于庶言，庶狱，庶慎”，又曰“式敬尔由（有）狱，以长我王国，兹式有慎，以列用中罚”，是慎亦狱讼之类。《左传·襄十一年》曰：“同盟于亳，载书曰：‘或间兹命，司慎司盟……明神殛之。’”《说文》盟下说盟礼曰“北面诏天之司慎司命”，段玉裁谓司慎即《周礼》“大宗伯职之司中”，而《开元占经·石氏中官占篇》引《黄帝占》曰“司中主司遇诘咎”，此亦慎为狱讼之证。《书》以庶言与庶狱庶慎连称，言亦当读为愆。

萃如嗟如萃六三

案萃读如啐。《文选》孙子荆《征西官属送于陟阳侯作诗》注引《仓颉篇》曰“咄啐也”,《公羊传·定十四年》注曰“咄，嗟貌”，是啐犹嗟也。啐嗟双声连语。《汉书·韩信传》曰“项王意乌猝嗟”，猝嗟与啐嗟同。

不可疾贞明夷九三

案筮辞凡九言疾，皆谓疾病。“疾贞”犹《豫》六五“贞疾”，谓问疾病之事。“不可疾贞”即不利疾贞。爻辞曰“可贞”，或曰“利贞”，曰“不可涉大川”，或曰“不利涉大川”，曰“可用享”，或曰“利用享祀”，是可亦利也。王注训此疾字为速,《九家》及《正义》并训为卒，盖因不明可字之义，遂并疾字之义亦失之。

贞疾恒不死豫六五

案此爻读豫为除。《晋语》八曰“寡君之疾久矣，上下神祇，无不遍谕，而除”，是其义。《书·金縢》“王有疾弗豫”，《说文》引豫作悆，悆亦通除，言有疾除也。问疾而恒不至死，是疾将除。爻义皆在卦中，故知此爻读豫为除也。

附录　易林琼枝

风推困之否，中孚之蛊，作吹。云却。小畜之中孚，困之否，中孚之蛊。

春城夏国。大畜之坤，泰之师。

随时春草，旧枝叶起，扶疏条挑，长大美盛，华沃铄舒。夬之剥。

临溪蟠枝，虽恐不危。临之离。

雹梅零蒂，心积愦愦，乱我灵气。未济之震。

蟠未济之困误播。梅讼之谦作枚，大有之坤误枝。折枝，大有之坤作失畋，误。与母别旅之大过作分。离，九皋难扣，从讼之谦补。绝不相知。大有之坤，渐之谦，旅之大过，未济之困，讼之谦。

刖大有之大过作枯。树无枝，与子分离，饥寒莫养，师之比作食。独立师之比作泣。哀悲。师之比，大有之过。

冬生不华，老女无家，霜冷蓬室，更为枯株。蒙之兑。

刖根枯株，不生肌肤，病在于心，日以燋枯。震之需。

冬叶萃之观作薮。枯槁，萃之观作腐。当萃之观误常。风于道，蒙被尘埃，左右劳苦。观之家人，萃之观。

千岁槐根，身节之萃误利。多斧瘢，节之萃作盘。伤痈痔理，节之萃作树维枯屈。枝叶不出。家人之乾，节之萃。

梗生荆山，命制输班，袍衣剥脱，夏热冬寒。饥大有之未济，贲之师作立。**饿枯槁，莫人震怜。**大有之未济，贲之师，作众人莫怜。乾之既济，大有之未济，贲之师。

蜩螗欢喜，中孚之随作翘。**草木嘉茂，百果蕃炽，**中孚之随作生。**日益多有。**谦之解，中孚之随。

白鸟衔饵，鸣呼其子，施翼晋之震作施技，升之解作挟施，小畜之小畜作干枝。张翅，来从其母。伯仲叔季，尤疑大贺举手。晋之震，升之解，涣之成，无末二句。小畜之小畜，晋之震，涣之成，升之解。

乌鸣哺鷇，长欲飞去，循枝上下，适与风遇，颠陨树根，命不可救。噬嗑之明夷。

乌鸣巢需之节作厩，复之井作葭。端，一兑之涣作壹。呼三颠，摇动东西，危魂需之节作栗，复之井作而。不安。兑之涣，需之节，复之井。

桃雀旅之晋作鴮鶵。**窃脂，巢于小枝，摇动**损之涣作动摇。**不安，为风所吹。寒心**中孚之噬嗑作心寒，损之涣作寒恐。**栗栗，**损之涣作悚栗，旅之晋，中孚之噬嗑，作漂摇。**常忧殆危。**旅之晋作危殆，噬嗑之涣作不殆。谦之遁，噬嗑之涣，旅之晋。

坚冰黄鸟，终日悲号，乾之噬嗑作啼哀悲愁，艮之遁啼误帝，益之大过作常，归妹之归妹误裳，又倒在鸟上。**不见白**乾之噬嗑作甘。**粒，但睹**乾之噬嗑，解之夬，作观。**藜**解之夬作蓬。**蒿。数惊鸷鸟，孰**益之大过误飘。**为我忧。**乾之噬嗑，艮之遁，归妹之归妹，作为我心忧。乾之噬嗑，解之夬，益之大过，艮之遁，归妹之归妹。

鹳鸠徙巢，西至平州，遭逢雷雹，辟晋之观作破。我苇庐。室家饥寒，思吾故初。谦之革，晋之观。

雌单独居，归其本巢，毛羽憔悴，志如死灰。需之否。

凫得水没，喜笑自啄，毛羽悦怿，利以攻玉。讼之师。

凫雁哑哑，以水为家，大有之归妹，大畜之鼎，作宅。雌雄相和，心志师之萃作至。娱乐。得其所师之萃作欢。欲，绝其患恶。师之萃，大有之归妹，无末句。师之萃，大有之归妹，大畜之鼎。

鸡方啄粟，为狐所逐，走不得食，惶惧喘息。归妹之无妄。

鹿食美草，逍遥求饱，日暮后门，过期乃

还，肥泽且厌。夬之大有。

鹿在泽陂，豺伤其麑，泣血独哀。益之旅。

炙鱼铜归妹之师作枯。斗，张伺夜鼠，不忍香味，归妹之师作舌不忍味。机发为祟，井之坎此下有祟在头颈一句。笮不得去。井之坎，归妹之师。

蜘蛛作网，以伺行旅，青蝇嚵聚，以求膏腴，触我罗绊，为网所得。未济之蛊。

蜘蛛南北，巡行罔罿，杜季利兵，伤我心腹。井之遁。

鳅鰕去海，藏无妄之小畜作游。于枯里，街巷褊隘，无妄之小畜作迫狭。不得自在。南北极远，无妄之小畜作四极。渴馁成疾。谦之明夷，无妄之小畜。

山林麓薮，蹇之无妄作林麓山薮。非人所

处。鸟兽无礼，使我心苦。蒙之未济，明夷之离，蹇之无妄。

青牛白咽，呼我俱田，历山之下，可以多耕。岁乐观之否作露，夬之师作稔。时节，民人安宁。讼之小过，观之否，夬之师。

铜人铁距，兑之未济误柱。暴观之归妹作雨。露劳苦，终日卒岁，无有休息。兑之未济作止。观之归妹，兑之未济。

耕石山颠，费种家贫，无聊处作，苗发不生。比之解。

白云如带，往往旗处，飞风送迎，大雹将下，击我禾稼，僵死不起。坎之渐。

下田黍稷，兑之履作陆。方兑之履作万。华生齿，大雨集降，兑之履作霖集。纷涝满瓮。兑之履作波病溃腐。小畜之鼎，兑之履。

逐利三年，利走如神，辗转东西，如鸟避丸。归妹之豫。

举杯饮酒，无益温寒，指直失取，亡利不欢。蒙之大有。

赍贝赎狸，不听我辞，系于虎须，否之革作髯。牵不得来。需之睽，否之革，同人之否，随之师，剥之蒙，震之咸，巽之需，萃之蹇。

载金贩狗，利弃我走，藏匿渊底，随之革作渠。悔折为咎。讼之旅，随之革，震之复。

跛踦相随，日暮牛罢，陵迟后旅，失利亡雌。乾之涣，泰之复，同人之归妹，蹇之坎，解之艮。

山险难登，涧大畜之明夷作渭。中多石，车驰轊大畜之明夷作轗。击，载重伤轴。担乾之谦作儋。负大畜之明夷作载担。善踬，跌踒右足。乾之谦，履之坎，大畜之明夷姤之涣。

负牛上山，力劣难行，烈风雨雪，遮遏我前。讼之剥，同人之无妄，丰之既济，旅之睽。

多载重负，捐弃于野，予母谁损之复作无稚。子，但自劳苦。屯之恒，师之姤，泰之同人，损之复。

瀺瀺浞浞，涂泥至毂，马泞不进，虎啮我

足。大过之随。

龙马上山，绝无水泉，喉嶕唇干，舌豫之干，剥之否作口。震之姤作渴。不能言。乾之讼，豫之干，剥之否，震之姤。

望骥不来，驹蹇为忧，雨惊我心，风撼我肌。泰之比。

流浮出食，载券入屋，释鞍系马，西南庑下。小过之鼎。

体重飞难，未能越蒙之归妹作逾。关，不离室震之鼎作雷留。垣。上下虚塞，心不遑安。旅之无妄无三四五三句。蒙之归妹无四五二句。震之鼎，旅之无妄，蒙之归妹。

千里望城，不见山青，老兔虾蟆，远绝无家。蒙之大壮。

家在海隅，桡短归妹之大畜作绕旋。深流，观之明夷作流深。岂敢惮行，萃之师作伯氏难行。观之明夷作企立望宋。无木萃之师作目。以趋。观之明夷，归妹之大畜，萃之师。

悬悬南海，去家万里，飞兔騕褭，归妹之渐作褭骏。一日见母，除我忧悔。晋之坎，归妹之渐。

乘风雨桥，明夷之鼎作乘风雨会。渐之既济作乘风而举。同人之泰作乘风带雨。与飞鸟俱，一同人之泰，明夷之鼎作动。举千里，见我慈大壮之剥，渐之既济作爱。母。同人之泰，大壮之剥，明夷之鼎，渐之既济。

西邻少女，未有所许，志如委衣，不出房户，心无所处。大过之小畜。

日入望东，不见子家，长女无夫，左手搔头。讼之坤。

望叔山北，陵隔我目，不见所得，使我忧惑。临之艮。

十里望烟，散涣四分，形容夬之小过作体。灭亡，夬之小过此下有可入深渊一句。终不见君。豫之观，夬之小过。

延颈远望，眯为目疾，升之谦作病。不见叔姬，使伯心忧。升之谦作忧心。坤之无妄，升之谦。

夹河为婚，期至无船，淫屯之小畜，兑之屯作摇。临之小过作遥。心失望，不见所欢。临之小过作欢君。屯之小畜，临之小过，兑之屯。

邻不我顾，而望随之丰，损之中孚作求。玉女，身多损之中孚作疾。癞疾，随之丰作秃癞，损之中孚作疮癞。谁肯婚者？随之丰，损之中孚，师之小过。

鹞明夷之艮作鹗。鸱娶妇，深目窈身，折腰不媚，与伯相背。复之蒙，明夷之艮。

南山大玃，盗我媚妾，怯不敢逐，退然独宿。坤之剥。

雄处弱水，雌在海边，别离将食，哀悲于心。兑之复。

式微式微，小畜之谦作拭牧拭牧，临之归妹作域域牧牧。忧祸相绊，小畜之谦，临之归妹作半。隔以岩山，室家分散。归妹之困。小畜之谦，临之归妹。

伯比之复作季。去我东，发扰比之复作发栉，节之谦作首发。如蓬，寤寐长叹，比之复无此句，节之谦作长夜不寐。展转空床。节之谦无此句。内怀怅恨，比之复作内怀忧伤，节之谦作忧系心胸。摧我肝肠。比之复，节之谦，无此句，姤之遁，比之复，节之谦。

蚁封户穴，大雨将集，鹊起数鸣，牝鸡叹室，相梦原误作薨。雄父，未到在道。震之蹇。

东山辞家，原倒。处妇思夫，伊威盈室，长股羸（罗）户。叹我君子，役日未已。家人之颐。

班马还夬之否作旋。师，以息劳罢，役夫忻夬之否作嘉。喜，入户见妻。剥之噬嗑，夬之否，兑之兑。

当年早大过之泰作少。寡，独立大过之泰作与。孤居，大过之泰作处。鸡鸣犬大过之泰作狗。吠，无敢问诸。大过之泰作谁者。我生不遇，大过之泰作辰。独离大过之泰作婴。寒苦。随之既济，大过之泰。

佩玉蘂兮，无所系之，旨酒一盛，莫与笑语。孤寡独特，常愁忧苦。需之蛊。

絍绩独居，寡处无夫，阴阳失忘，为人仆使。需之小畜。

盲瞽独宿，莫与共食，老穷于人，病在心

腹。升之损。

孤翁归妹之履作公。寡妇，独宿悲苦，目张耳明，无归妹之履作莫。与笑语。讼之归妹，归妹之履。

昼卧里门，悚惕不安，目不得阕，鬼搔我足。观之咸。

履虵躧虺，临之困作履危不止。与鬼相视，惊恐坎之观作哭。失气，如骑虎尾。临之困，坎之观。

坐席未温，忧来扣门，逾墙北走，兵交我后，脱于虎口。大过之遁。

言笑未毕，明夷之过作卒。忧来暴卒（猝），身墨（缠）丹索，槛囚装束。既济之大过作身加搕摭囚系缚束。明夷之大过既济之大过。

目不可合，忧来摇萃之睽，兑之解，作搔。足。怵萃之睽作悚。惕危萃之睽作恐，谦之大畜作为。惧，去其谦之大畜作我。邦域。谦之大畜，萃之睽，兑之解。

耳如惊鹿，不能定足，室家分散，各走匿窜。益之噬嗑。

别离分散，长子从军，稚叔就贼，寡老独居，莫为种瓜。渐之渐。

持刀操肉，对酒不食，夫行复之剥作亡。从军，少坤之既济作小，无妄之比作长。子入狱，抱膝独宿。坤之既济，复之剥，无妄之比。

长子入狱，妇馈母哭，霜降愈甚，乡晦伏法。复之升。

饮酒醉酗，益之蒙作酣，升之复作饱。跳起比之鼎，升之复，作跃。争斗益之蒙此下有手足纷拿一句。伯伤升之复作丧。叔益之蒙作仲。僵，东家治丧。比之鼎，益之蒙，升之复，既济之萃。

东家凶妇，怒其公姑，毁柈破盆，弃其饭飧，使吾困贫。颐之讼。

翁狂妪盲，相牵北行，欲归高邑，迷惑不得。夬之归妹。

南向一室，风雨并入，尘埃积湿，主母盲痹，偏枯心疾，乱我家资。睽之中孚。

东行破车，步入危家，衡门垂倒，无以为主，卖袍续食，糟糠不饱。夬之讼。

齿间啮啮，丰之晋作啮，未济之颐作齰。贫鬼相责，无有欢怡，一日九结。震之既济，丰之晋，未济之颐。

机关不便，不能出言，精诚不通，未济之

咸作精成通道。为人所冤。小畜之蒙，临之屯，未济之咸。

耋老鲐背，齿牙动摇，近地远天，下入黄泉。震之比。

山陵丘墓，魂魄室屋，精光竭尽，长卧无觉。家人之旅。

明灭光息，不能复食，精魄尽丧，以夜为室。噬嗑之颐。

华灯百枝，消暗艮之蹇作稍暗。**衰微，**随之大有作消衰暗微。**精光讫**艮之蹇作欲。**尽，奄如**随之大有，睽之遁作有。**灰糜。**睽之遁作縻，随之大有，艮之蹇作靡，均误今正。

随之大有，睽之遁，艮之蹇。

举被覆目，不见日月，衣衾簟篋，大壮之革作杀机，泰之临作衣裘箪床。长就夜室。坤之随，泰之临，大壮之革。

霜降闭户，蛰虫坤之需，小畜之解作虫。隐处，不见日月，与死为伍。坤之需，小畜之解，大壮之颐。

鬼守我门，呼伯入山，去其室家，舍其兆墓。贲之坤。

独宿憎夜，嫫母畏昼。涣之蛊。

蝙蠷观之无妄，遁之剥，作蜗螺。生子，深目墨丑。需之恒，观之无妄，遁之剥。

被发兽心，难与比小过之同人作为。邻，来如飘风，小过之同人作风云。去如绝弦，为狼所残。困之萃，小过之同人。

八面九口，长舌为斧，斫艮之颐作劈。破瑚琏，殷商绝后。临之坎，艮之颐。

一指食肉，口无所得，染其鼎鼐，损之鼎无此句。舌馋于腹。需之解，颐之离，损之鼎。

鼋羹芬芗，染指弗尝，口饥于手，公子恨馋。蒙之萃。

倚锋据戟，伤我胸臆，拜折不息。坎之蒙。

铅刀攻玉，坚不可得，尽我筋力，胝茧为疾。坤之豫，比之大过，损之晋。

秋冬探巢，不得鹊雏，衔指北去，媿师之革作惭。我少姬。师之革作夫。讼之睽，师之革，观之屯，革之复。

迷行未济之损作厌浥。晨夜，道多湛露，濈我袴襦，未济之损作濈衣濡袴。重不可步。革之豫误涉，未济之损作重难以步。革之豫，未济之损。

朝露白日，四马过隙，岁短期促，时难再得。鼎之大壮。

独坐西垣，莫与笑言，二字原倒。秋风多哀，使我心悲。艮之否。

愦愦中孚之大过作叹息。不悦，忧从中出。讼之升，中孚之大过。下句又见讼之大畜。

四目相望，稍近同光，并坐鼓簧。既济之睽。

两火争明，虽斗不伤。比之贲。

缩绪乱丝，手与为哭。遁之泰。

筑室水上，危于一齿。大壮之离。

泉同人之豫作鱼。**为白蜜，**同人之豫作云。**一邑**鼎之节误色，同人之豫作国。**获愿。**鼎之节，同人之豫。

哑哑笑言，与善饮食。讼之大过。

与福为市。坤之小过，讼之坎，蛊之小畜。

福为我母。讼之咸，同人之旅。

驾入喜门，与福为婚。颐之小过。下句又见小畜之无妄，恒之鼎。

赍福上堂，与我同床。同人之兑。

抱福归房。解之屯。

福过我里，入门笑喜，与吾利市。观之离。

上福喜堂，见我欢兄。益之蛊。

喜来如云。睽之丰，震之剥。

东行饮酒，与喜相抱。坎之震。下句又见恒之大有，归妹之遁。

被服文衣，游观酒池，上堂见觞，喜为吾兄，使我忧亡。睽之乾，蹇之同人。

酒为欢伯，除忧来乐，福喜遁之未济作善。入门，与君相索，使我有得。坎之兑作德。坎之兑，遁之未济。

鹊笑鸠舞，来遗我酒，大喜在后，授吾龟纽。龙喜张口，起拜福祉。噬嗑之离。

一九三九年十二月